# 汉朝脸谱

李 婍 著

中国铁道出版社
CHINA RAILWAY PUBLISHING HOUSE

图书在版编目（CIP）数据

汉朝脸谱 / 李婍著.—北京：中国铁道出版社，2018.4
ISBN 978-7-113-23919-0

Ⅰ.①汉… Ⅱ.①李… Ⅲ.①人物－生平事迹－中国－汉代－通俗读物 Ⅳ.①K820.34-49

中国版本图书馆CIP数据核字(2017)第258796号

书　　名：汉朝脸谱
作　　者：李　婍　著

策　　划：奚　源　　　　电　　话：（010）51873038
责任编辑：付巧丽　　　　电子邮箱：tiedaolt@163.com
封面设计：成晟视觉
责任印制：赵星辰

出版发行：中国铁道出版社（100054，北京市西城区右安门西街8号）
印　　刷：北京鑫正大印刷有限公司
版　　次：2018年4月第1版　2018年4月第1次印刷
开　　本：700mm×1000mm　1/16　印张：13　字数：160千字
书　　号：ISBN 978-7-113-23919-0
定　　价：42.00元

# 目录

第二章

## 汉朝文臣——权术舞台上的官员们





第三章

## 汉朝武将——武夫们的人生际遇

第四章

## 汉朝文人——政治文人的生命感叹





第五章

## 汉朝女子——走进汉宫做女人

第六章

## 汉朝游侠——仗义侠客的江湖规则

# 第一章

# 汉朝君王——帝王们的各种活法

# 流氓皇帝的痞子风度

汉朝流行游侠，也流行流氓。因为汉朝的创建者刘邦就是一个不折不扣的流氓皇帝。

这样说并不是故意调侃，吸引读者的眼球，刘邦的“流氓痞子”称号是后来历朝历代的人们通过对无数皇帝的光辉事迹的综合评定之后，认真选举出来的。

真正的流氓，也是需要成长过程的。

出生在丰县中阳里的乡下孩子刘邦，从小就不是乖宝宝。老爸一辈子没出息，就把光宗耀祖的希望寄托在下一代身上，勒紧裤腰带供刘邦到私塾先生马老师那里去读书。刘邦同学无师自通首先学会了逃学。对这个经常逃学旷课的学生，马老师除了批评教育，偶尔也使用一些体罚之类的现代教育不允许的招数，但是均以失败告终。刘邦同学用顽强的意志把逃学这件事坚持不懈地进行了下去。直到大家达成了共识，认定这个孩子根本不是读书的料，刘邦同学才算从学校正式胜利大逃亡。

不上学了，唯一的出路就是下地劳动。但是刘邦对这件事也不感兴趣，他就喜欢游手好闲，玩些非主流，说穿了其实就是一个小混混。

刘邦的老爸刘大叔也不是勤劳持家的良民，至少不是老实巴交种地的农民，他的主业是什么，他靠什么养家糊口说不好，反正和他结交的基本上没有正儿八经的人。他周围的朋友都是些屠贩少年，这些人沽酒卖饼，斗鸡蹴鞠，整天也是不务正业。所以，刘邦的游手好闲是有遗传基因的。但是刘大叔不希望儿子也像自己一样混一辈子，就教育他要热爱劳动，勤劳致富，向二哥学习。刘邦的二哥相对来讲做事比他靠谱一些。

刘邦对老爸的话置若罔闻，也许他觉得，老爸根本就没有管教他的资格，爷俩半斤八两，你凭什么管我啊？

没有理想，没有志向，不会经商，也不会干农活，穷得叮当响，却我行我素自我感觉良好，混迹在狐朋狗友之间，今朝有酒今朝醉。少年刘邦浑浑噩噩地混生活，他自己还感觉很幸福。

有人说，也许长大了就懂事了。

刘邦玩着玩着就长大了，因为没有任何学历，找工作很不容易。仰仗着狐朋狗友帮忙，刘邦混了个泗水的亭长来当。不过，别看只是一个亭长，好歹也管着好多人呢。作为基层干部，他把自己手中的权力用到了极致，吃拿卡要兼偷鸡摸狗、吃喝嫖赌，村里基本没人敢招惹他。另外，他还有一帮类似黑社会的土流氓小弟，所以他的工作也好做，向农户收捐收税的时候，没人敢抗拒不交，因为惹不起他啊。

刘邦充分发挥自己善于结交的特长，和县里的领导干部们混得很熟，慢慢名气就开始大起来，成为当地知名人士，甚至还通过县长的介绍，娶到了山东落难大户家的大小姐吕雉。

刘邦在娶老婆这个问题上，更是把流氓伎俩用了个十足。

吕雉的老爸吕公因为官司缠身，从山东老家来投奔自己的好朋友沛县县长。因为吕公和县长的关系不一般，人们都想巴结他，为的是他能和县长说上话，可以搭个桥办点事什么的。刘邦对这一套很在行，当然也不甘落后。来送礼的人太多了，吕家就设了个账桌，规定贺礼不到一千钱的人，只能到堂下坐小板凳。刘邦手头根本没钱，他攥着两个空拳也去了，越过账桌对门口保安大声宣布："我出贺钱一万！"声音很大，连坐在厅堂的吕公都听见了。吕公赶紧对这个出手阔绰的客人远接高迎，请到上座，酒宴伺候，外带答应把女儿许配给他。

靠打白条不但骗了一顿饭，还骗来一个白富美老婆，刘邦尝到了当流氓的甜头。

等见了更多世面之后，刘邦开始不满足于当草根流氓了。他渐渐悟到做官的体面和好处，就不满足于当眼下的这个小官了，而是想弄个大官当当。他也从胡同窜子类型的乡村土流氓开始转变为“有理想有抱负”的高级流氓。

不过，此时刘邦即使对未来有了憧憬，奋斗目标也不过是做个县级领导干部，因为他的眼界也就这么宽。真正让他开阔了眼界并改变了他理想的一件事，是他某一次带队送服役的人去咸阳的路上，偶尔遇见了正在出巡的秦始皇。国家最高领导秦始皇很威风地坐在辇车上，把秦朝基层村干部刘邦看呆了：做男人就要做到这个成色！

这次邂逅让刘邦把理想从七品知县一下子越级提升到人生最高档次。

秦朝像刘邦这样的村干部大概经常要带队送服役的人，后来有一次送徒役去骊山，也许因为玩忽职守导致看守不到位，很多人在半路就逃走了。刘邦算了一下，像这样一天逃几个，到了骊山就只剩下自己一个光杆司令了，这样还不如做个顺水人情把他们全放了。罢了，反正这小芝麻官自己也干够了，凭着正常晋升恐怕到死也不过能混上个科级干部。他索性放掉了所有的役徒，自己走上了一条拉竿子反秦的起义道路。

真正的流氓，一般都是为了自己的伟大事业而六亲不认。

刘邦就是一个关键时刻具有铁石心肠的最敬业的冷血流氓，他在儿女情长和远大事业之间能迅速权衡出什么能使他的利益最大化。

楚汉争霸战争彭城之战打响之后，刘邦打不过项羽只好落荒而逃，后面有追兵，车子太沉跑不快，为了减轻车子重量，刘邦忍痛把一双年幼的孩子——鲁元公主和太子刘盈——踢下车，这种绝情的事一般人是做不来的，只有流氓能做到，也只有这样的流氓才能超越自我成就大事。

不但对待子女如此，对待亲爹他也是一样舍得。也是在彭城之战的荥阳战场上，刘邦老爸差点被项羽煮了吃。那年项羽把刘邦的妻儿老小都活捉了，威胁刘邦，你再不投降就用你老爸烹汤了。这个时候刘邦的流氓本性立即暴露无遗了，他让人给项羽传话："哥们儿，咱们原先拜过把子，俺老爸也是你老爸，烹咱老爸的时候千万别忘了分给咱一杯羹尝尝。"

拿亲爹冒这样的险，天底下也就是刘邦能做出来。

好在刘老爸也不是一般的人物，被人剥光了按到案板上比画着要大卸八块，搁到别人身上等不到被烹汤早就吓死了，可刘老爸见多识广，从案板上下来居然没事，全仰仗他过去的那些功底。

其实，许多非主流流氓行径不过是刘邦的一个工作手段，他打着流氓的幌子，让对手忽略他，靠着流氓外表的掩护顺利通向成功的彼岸，这个超级流氓最终打下江山，成为西汉的开国皇帝。

刘邦当上皇帝立即就学会了享受，不但自己享受，曾经为自己担惊受怕的亲人们也跟着过上了最奢侈的生活。好日子过着，他不明白老爸为什么每天耷拉着老脸唉声叹气，一打听才知道老爸依然念念不忘旧社会，对眼前的荣华富贵视若不见，常常凄怆不乐，怀念当初在乡下时屠贩少年环绕左右，斗鸡酗酒的幸福生活，过不惯这种没味的日子。

儿子当上皇帝，自己都做太上皇了，刘老爸一点都没有政治意识和大局意识，活成一把岁数的老头了还是这样没有品位。怎么说呢，如果从保持本色不变的角度来看，应该表彰他的这种永葆一贯传统和作风的精神。但是他的乐趣还是低俗甚至低级了些，刘邦毕竟不是当年黑社会流氓的儿子了，皇上家里养着这样一个低级趣味的老爸，全国人民该怎样看待啊！

刘邦确实够另类也够孝顺的，居然尊重了老爸的怀旧情结，在长安附近按照老家丰邑的样子修建了一个新丰镇，从建筑格局到房屋街道尺寸完全照搬老家的样子。不但景色一模一样，人啊动物啊都原封不动从老家迁了来，那些从老家丰邑带来的犬羊鸡鸭来到这个新地方，立即乖乖找到了自己的家，由此可见当时的造假水平有多高。刘老爸喜欢的那些不三不四的屠贩少年、地痞恶少自然更是一个都不能少，统统从老家请到都城继续他们过去的营生，想改邪归正都不行，偷鸡摸狗就是他们的日常工作，只有这样刘老爸脸上才有笑容啊。

刘老爸又住进跟过去一模一样的房子，暖暖的冬阳下缩在墙旮旯袖手看着屠贩少年勾肩搭背从街上走过，他脏兮兮的脸上绽放出的笑容一定是幸福满足的那种。

养着这样一个活宝老爸刘邦并不感觉丢人，因为他们爷俩旗鼓相当，都属于比较另类的人物。不过，他也会不时提醒敲打一下当年总嫌他没有二哥有出息的老爸：您看我和二哥到底谁创下的基业大？一句话流氓嘴脸又暴露无遗，嘚瑟得正欢的老爸立即老实下来，开始深刻的自我检讨，谁让自己当初有眼无珠呢？

对待大臣，刘邦偶尔也会使用一些流氓手段，但绝对不是心血来潮，都是目的性很明确的。比如历史上最著名的那个刘邦当众撒尿的故事，他不是随便摘下哪个大臣的帽子就撒尿的，他只喜欢往那些漂亮的儒生帽里撒尿，如果你戴着儒生帽去见他，你的帽子即刻就变成了皇上的尿盆，刘邦当众就脱裤子在这个帽子里小便，边尿边满口粗话，保证让你无言以对。

你以为刘邦变态啊，他这是别有用心地故意要流氓，他的本意就是侮辱这些儒生，轻蔑斯文酸腐文人和文化，他这个行为艺术意在警告自以为是的满腹经纶的官员：别看哥们儿是老粗出身，你们这些中看不中用的家伙还不是要听老子的，用你们的帽子做尿盆是瞧得起你，哪天老子不高兴了，你那个顶着帽子的脑袋说不定就得搬家。

流氓皇帝的痞子风度也是一种风度，这与众不同的工作手段和管理方式不可效仿和复制，这是纯刘邦式的。

# 从草根皇子到亲民皇帝

刘恒能全须全尾的长大成人是一个奇迹。

刘恒能当上汉朝第三任皇帝更是一个奇迹。

刘邦一共有八个儿子，除了吕后的儿子算正宗产品，其他几个都是稀里糊涂得来的。

长子刘肥是他婚前私生子，好在生刘肥的女人早就死了，但是吕后把账记在刘肥头上，差点没用毒酒把他毒死，后来刘肥为了保住小命破财免灾贿赂吕后和吕后生的公主，才落了个寿终正寝，不过也很短命；老二刘盈是吕后的亲儿子，因为目睹老妈对赵王如意母子的残害受了强烈精神刺激，萎靡不振抑郁死了；老三赵王如意是戚姬生的，当年刘邦被封汉王的时候背着吕后在定陶勾搭上戚姬，戚姬为刘邦生下老三如意后，不但想抢吕后的饭碗，还想抢刘盈的饭碗，不用说，娘俩自然都死得很难看；老五梁王刘恢和老六淮阳王刘友不知道是哪个女人生的，他们都被迫娶了老吕家的女儿，都被吕家的女人害得丢了命，一个悬梁自尽，一个绝食而死；老七淮南王刘长是刘邦路过赵国的时候播种的，刘长他亲妈生下他就自杀了，这个从小没娘的孩子由吕后养大，所以没有被吕后杀掉，后来却死在了当上皇帝的四哥刘恒手上；老八燕王刘建出处不明，出去打猎被狐狸抓伤，花季少年死于狂犬病，留下个幼子也被吕后派人悄悄处理掉了。

只有老四刘恒最幸运。

不过，刘恒的出生比那些兄弟也强不到哪儿去。他老妈薄姬本来是项羽手下败将魏王豹的女人，刘邦的队伍打败魏豹之后，薄姬作为俘虏被送进汉朝后宫的织室织布。好色的刘邦一是比较喜欢猎奇，二是口味与众不同，临时性起宠幸了那女人一次，不留神制造出后来成为皇帝的刘恒。

因为姓薄的这个女人并不是刘邦喜欢的那种类型，对这个女人生下的孩子刘邦也说不上喜欢，刘恒的出生不但没有给薄姬带来幸福生活，反而还要担惊受怕防着吕后，一旦招惹了吕后，薄姬娘俩立马就在人间蒸发了。

薄姬和儿子几乎见不到刘邦的面，待刘恒稍稍长大，刘邦就给了他们母子一块封地，让他们远远地到遥远的边疆代国去生活了。代国在现在河北省西北部，山西省东北部，国都是晋阳也就是今天的山西太原，在帝国的最北端，当时是一个最贫困的封地，气候极差，匈奴时不时到这里来骚扰一下解解闷儿，让刘恒这个代王很郁闷。

一块穷哈哈没有任何经济实力的封地，一个貌似有些愚钝厚道的儿子，一个从织布工队伍中走出来的弃妇老妈，他们低调、窝囊、与世无争。人家吕后从来就没有把他们放在眼里，在吕后心目中，这对母子根本就不具备参加任何竞争的资格，他们的存在可以忽略不计。

薄姬和刘恒的低调不是故意装出来的，他们必须这样低调地活着才能保全生命，否则不要说熬到后来刘恒当上皇帝，恐怕有十条命也早就丢了。实践证明，必要的时候委曲求全活着也是一种策略，活着就是成功的希望，就有机遇。

他们不但低调，而且小心谨慎。吕后死后，在商议由谁来继承皇位的问题上大臣们之所以选代王刘恒，就是因为他宽厚仁慈名声较好。刘恒接到让他上任当皇帝的通知，也不知道是好事还是陷阱，娘俩半信半疑地向长安进发，一路上磨磨蹭蹭，每前行一步都步步小心，只怕又中什么圈套儿，搞不好半路上就让人家给灭了。

战战兢兢到了长安，才知道当皇上的事不是阴谋，也不是一场梦，而是真的。

机会有时候也不属于有准备的人，当上天铁了心要眷顾你的时候，你即使不做任何准备，也没准抬头就能接住天上掉下来的馅饼。

晕晕乎乎坐到皇帝位置上，刘恒没有任何心理准备。从出生以来，保命就是他人生的第一要务，做梦也没想到自己还会当上皇上。懵懵懂懂举行完登基大典，已经当上皇帝的汉文帝开始和老妈薄姬探讨这个皇帝究竟应该怎么当，因为他很小就到偏远的代国去了，连见识老爸怎样当政的机会都没有。薄姬现在已经变成薄太后了，作为皇帝的边缘化女人，她比儿子更草根。他们给自己定的调子是：戒骄戒躁，一步一个脚印，老老实实做皇帝，用草根皇子的一贯做事方法勤政廉政治国。汉文帝一共在位二十三年，通过自己的努力，把汉朝从百废待兴的初级阶段建设得逐步走向繁荣富强，凭着汉文帝和儿子汉景帝两代帝王的不懈努力，实现政治稳定，经济欣欣向荣的“文景之治”的大好局面。

汉文帝用摸着石头过河的方法学着当皇帝，抓牢军权是他一踏进未央宫就做的第一件事。若干年中生死未卜的阴影一直笼罩左右，只有做过弱者的人才知道军权的可贵；采取恩威并施的两手策略来巩固皇权，该拉拢的拉拢，该打击的打击是他多年身处下层总结的经验教训，采取“安民”方针，减省租赋、减轻徭役，实行开放搞活政策是他这些年长期接地气地生活在基层，了解基层疾苦的结果。

汉文帝是历史上有名的抠门儿皇帝，平常就穿粗糙的黑丝绸做的衣服，不但自己破衣烂衫的，要求他的女人们也向自己学习。皇后窦漪房本来就是苦出身，对穿戴没有太高的要求，但是别的女人哪受过这个，当时女人最潮的装扮是长裙拖地，裙摆像个大拖把，凡是经过的地方就不用再扫地了。汉文帝觉得这太费布了，让后宫的女人节省布料，裙摆一律不能拖到地上。还有，宫里的帐幕、帷子从此都清清爽爽的，不要刺绣、不带花边，这些花里胡哨没用的以后一律免了。他宠爱的那些讲究品位的精致女人，一下子没了脾气，什么典雅啊，审美啊，艺术啊，这些很文艺的东西都是浮云，人家汉文帝讲究的就是实实在在。一旦皇帝老公的抠门儿发挥到极致，作为他的女人必须紧密配合，她们不敢甩任何脸子，一个个立即回卧室找把剪刀，把裙子嘁哩喀喳剪到最佳尺寸。

汉文帝很恋旧，对老爸留下来的遗产倍加珍惜，二十三年如一日保持原样，宫廷、花园从来没装修过，车骑、服装从来没添置过。他不是作秀，而是觉得能过上这样的幸福生活已经相当不错了，哥八个就他一个人侥幸活了下来，还继承了老爸的皇位，平心而论老爸并没有打算让他住到宫殿里面来，所以他必须时时刻刻克制约束自己，让老爸保佑自己。

他带着大臣们把耕种田地当成休闲旅游活动，让皇后带着宫女通过采桑、养蚕劳作项目纤体瘦身。这不是秀给别人看的，是他发自内心的感觉，皇上就该这么当。就如同他老爸当年当上了皇帝还不改流氓本色，他当上皇帝也难改草根儿本性，甚至一辈子改不掉。他身上缺乏贵族气质，也不想半路出家进修学习。

汉文帝身上的平民气质，让他经常会出台一些平民政策，比如当时有一个最人性化的政策：八十岁以上老人由国家供养，每月发给米、肉和酒；九十岁以上老人，增发麻布、绸缎和丝棉。虽然整个国家能享受这个政策的人屈指可数，你想，在人到七十古来稀的古代，有几个人能活到八九十岁啊？就相当于今天给一百二十岁的老人定政策，但是毕竟人家有这么个政策，毕竟还有人能享受到。汉朝的人很容易满足很喜欢感恩，百姓们说，从草根皇子走上皇帝岗位的平民皇帝就是亲民，多为咱老百姓着想啊。

有一个抠门儿的皇帝，国家日子确实越来越好，国库里的钱多得数不清，穿钱的绳子都烂了，也就是说这钱已经 N 年没动过了，粮仓的粮食一年年往上堆，都堆到粮仓外面了，汉文帝只有看到这仓满囤流的粮食心里才踏实，土地主的一贯作风啊。

守着金山银山，他舍不得吃舍不得喝，舍不得穿舍不得花，快死了还舍不得陪葬好东西，强烈要求裸葬，强烈要求搞点儿破陶罐子之类的做陪葬品。人们拗不过他，就按他的指示精神实行了从简办丧事。到后来，所有的盗墓贼一提到汉文帝的陵墓，就眼泪汪汪的一脸沮丧，他们经过汉文帝的霸陵都绕道走，并哀叹，如果天下帝王将相都像他这样，还有我们这个行当的活路吗！

# 汉景帝的双面人生

汉文帝早婚早育，十二三岁就当爸爸了。汉景帝刘启只比老爸汉文帝小十四岁，在他之前，有四个哥哥一个姐姐，扳着手指头算算看，汉文帝几岁做爸爸？哥哥们和刘启不是一个妈，是汉文帝原配夫人生的，而且前面这哥几个好像商量好了似的，只在人间匆匆露了一面早早就都夭折了，姐姐和他是一个妈，都是窦太后所生，叫刘嫖，就是著名的馆陶公主。

哥哥们夭亡之后刘启就变成了长子，顺理成章被立为太子。汉文帝四十六岁去世的时候，刘启已经是三十二岁的熟男了，因为有多年当太子的铺垫，骤然坐上皇位，他不像老爸当年上任时一脸的忐忑，而是沉着冷静地处理政务。

汉景帝的前任是文帝，后任是武帝，处于文帝武帝之间，他起到了很好的桥梁作用，承接下老爸留下的大好局面并继续发扬光大。如果没有他不懈努力的十六年，就没有后人称道的“文景之治”了。他给儿子汉武帝留下了一个好摊子，正因为有了文景两代的铺垫，才成就了汉武帝。

不论从哪方面讲，汉景帝都属于承前启后的类型，甚至从性格上，处理问题的方式方法上，他既不同于老爸，也不同于儿子。他绝对不会像老爸那样低调，也不会像儿子那样张扬。汉文帝以仁厚著名，他向世人更多的是展示自己的善良，甚至刻意取悦天下，让人觉得他是好人，汉武帝以雄霸著称，他向世界大胆展示自己的雄才大略，他不在乎世人怎样评价自己，不怕人们说他有点儿坏。汉景帝介乎老子和儿子之间，具有双面人生，他有老爸的厚道和仁慈，也有儿子的暴戾和无情。

汉景帝这辈子活得很累，很想给人们留下善良的印象，但是，一国之君仅仅靠善良是难以治理好国家的，德威并重有时候很难把握好火候。

老爸一辈子打勤俭牌，轮到他当皇上了，这把牌还得接着打一阵子，所以他给老百姓留下的印象是仁慈恭俭。推行“轻徭薄赋”，减轻了农民的负担，不仅仅换取了民心，也增强了国力，迎来了中国封建社会第一个盛世。司马迁老先生在《史记》里记录的汉景帝时代的繁荣富强景象应当是比较真实客观的，因为他出生在景帝时代，亲眼见证过那个时代的辉煌，他说国家粮库的粮食多得吃不完，堆积如山，最里面的都发霉了；老百姓手里的钱花不完，放得都生锈了。



一个万人景仰膜拜的好皇帝，让老百姓看到的是他伟大光荣正确的一面，他还有另一面，那是老百姓不知道的，

他其实很残暴，而且从小就性格暴躁，十几岁的时候就因为暴脾气出过命案。

我们把案件的经过做一下情景再现：吴国国王刘濞是刘邦二哥刘仲的儿子，也就是说和汉文帝刘恒是亲叔伯哥们儿，为了讨好这个皇帝堂弟，他经常带着儿子到后宫陪太子刘启玩耍。某一日，刘濞的儿子陪着刘启下棋，下着下着那个小哥们儿就入境了，忘记了对方是一朝太子，他平常在吴国养成了赖棋的习惯，这次故伎重演。刘启哪儿受过这个啊，抡起棋盘就照着他头上打，这一打把那哥们儿打明白了，但是明白了也晚了，没想到他这么不经打，刘启打中了他的要害，居然把他给打死了。用棋盘就能把人打死，一是说明人家汉代的棋盘是货真价实的好东西，不但能下棋，还能当作案工具；二是说明刘启从小就够狠的，有什么样的深仇大恨啊，下手这

么狠？

如果换作别人，平白无故杀了人，即使定性为过失犯罪也活罪难逃。因为杀人的是皇太子刘启，这事就这样不了了之了，不过却为若干年后的“七国之乱”种下了隐患。刘濞好好的一个儿子就这样平白无故被打死了，而且死了连点说法都没有，他忍气吞声，肚子里一直憋着这口恶气，一直憋到汉景帝执政的时候，刘濞终于找到了一次出气的机会。他以诛晁错为名，联合楚赵几个小诸侯国公开叛乱。当然这次的“七国之乱”以失败告终，刘濞的窝囊气不但没出来，还把老命搭了进去。

替汉景帝平定“七国之乱”的是大将军周亚夫，这是从汉文帝时期就鞍前马后为国家效劳的老将，因为不懂得看领导脸色办事，把汉景帝得罪透了，一旦领导把你看成了眼中钉，离倒霉的日子就不远了。

周亚夫工作上没有什么漏洞可挑,汉景帝就从枝枝蔓蔓上找茬。正赶上周亚夫的儿子觉得老爸年事已高，想提前给他准备百年后的事，偷偷买了五百甲盾，准备老爸去世的时候发丧用。这事儿被汉景帝知道了，就开始在周亚夫买卖甲盾这个问题上做文章，说他想谋反。周亚夫说自己冤枉，这些甲盾是丧葬品，不是用来谋反的。汉景帝给出的解释非常搞笑：你就是在地上不谋反，如果到地下谋反呢？这个“地下谋反”的罪名让周亚夫感到无比屈辱，他想不开，开始绝食抗议，毕竟岁数大了经不住折腾，绝食了五天就死了，当然五百甲盾也没用上。

遭到同样下场的还有智囊人物晁错。晁错为国家政治经济发展献计献策，他提出的政策方案难免会触动一些人的利益。“七国之乱”的时候，刘濞就是打着“诛晁错，清君侧”的旗号。为了乞求叛乱分子退兵，汉景帝关键时候拿晁错做了替罪羊，他让人腰斩晁错的举动并没有引起众怒，反而显得大快人心，因为在长安东市刑场看热闹的老百姓是不知道事情真相的，晁错不死，就不能赢得不明真相的群众的人心。

关键是临死了，晁错自己还一无所知，汉景帝骗他说，你坐车去巡察一下东市吧。晁错一贯对领导极为信任，于是穿上一尘不染的朝服，就兴高采烈地坐车到东市视察工作了，远远一看那里已经有许多人了，还在想，今天这欢迎仪式够隆重的，来了这么多人。没想到到了东市自己就被腰斩了。

从这一点来看，汉景帝不仅冷血，还奸诈虚伪，人家晁错死期临头了，你还最后玩了人家一回，这招儿太不厚道了。晁错是被冤死的，死后好歹汉景帝还检讨一下自己：杀错了晁错！但是对老爸的宠臣邓通，即使后来把他活活饿死了，汉景帝还咬牙切齿地觉得他死有余辜。

邓通和汉文帝有着极为特殊的关系，这个人的运气从汉文帝的一个梦开始，因为和汉文帝梦中人的着装打扮极为一致，从此一步登天。邓通有些地方像清代的和珅，他没有和珅的政治才能，但在敛钱方面却异曲同工。像汉文帝这样一个自己在花钱上都下死手狠狠抠门儿的人，对待邓通却是网开一面，大把大把给他送钱，这关系能是一般关系吗？邓通没有别的本事，只能充分利用汉文帝喜欢男色的特点，想方设法做好男宠，关键时候舍得付出，比如汉文帝身上长了脓疮，用嘴吸吸脓水什么的恶心活儿，义不容辞去做，以求得经济利益最大化。最后连国家铸造钱币的权力都拿到了自己手里。

汉朝中央银行行长邓通以为自己这辈子有花不完的钱，绝对不会饿死，即使汉文帝死了，靠山倒了，造币的权力没有了，手里的钱也够花几辈子的。没想到景帝一上任立即就对邓通开刀了，先是免了造币权，再是抄了他的家，一分钱都不给他留，并指示任何人不得接济他，邓通被活活饿死了。

像邓通这种人死了就死了，也没有人可怜他，人们只是不明白汉景帝和他有什么深仇大恨啊，他不过是景帝老爸的一个男宠，莫非景帝对老爸和邓通的同性恋行为有看法，对男同有歧视倾向？不对啊，汉朝皇帝们流行玩同性恋啊，他汉景帝自己不是也有一个很宠爱的男宠周仁吗？后来细究起来人们才明白，邓通被饿死纯属拍马屁没拍好，自找的。当年他为汉文帝用嘴吸脓的时候，皇帝问他：天下谁最爱我，他推荐说太子最爱你。他没想到皇帝立即用吸吮自己身上的脓疮作为检验真理的唯一标准。实践证明，太子刘启吸脓疮的时候面部表情很难看，没有邓通那样面带微笑的服务态度。因为这件事，刘启一直耿耿于怀，也就是说他喜欢记仇，当上皇帝之后当然不会轻饶了邓通，当然要让他变成一无所有的穷人，变成连饭都吃不上的穷叫花子。事实上邓通连当叫花子的资格都没有，汉景帝下令了，谁都不能救济他，谁还敢给他饭吃？

汉景帝讲究一视同仁，不但对外人狠，对自己的亲儿子也是一样不客气。他的大儿子刘荣因为老妈失宠受连累，从太子降为临江王，后来扩建王宫被人告发侵占汉文帝祭庙的庙地，汉景帝对这个失宠的儿子根本就懒得过问，授权有名的酷吏郅都审查办理。汉景帝不是不了解郅都这个人，但凡交由郅都办的案子，当事人没几个能活着等到结案的。刘荣也不例外，绝望中被逼自杀了。逼死亲儿子之后，汉景帝丝毫没有自责和悲痛，也许儿子太多了，死一两个不在乎？

和老爸比较，寡情薄义的汉景帝更像政治家，到他去世的时候，丧葬仪式比老爸风光多了，汉文帝不过弄了些破坛子烂罐子陪葬，汉景帝却为自己搞了一万多人的殉葬队伍。一人下葬，一万多人同时被斩首，这惊天地泣鬼神的悲剧应当是世界丧葬史上空前绝后的。

# 最牛气最霸气的皇帝是这样炼成的

十六岁做皇帝，七十岁去世，汉武帝刘彻在皇位上奋战五十四年，创下前无古人的巨大功业，秦皇汉武成为中国历朝历代帝王中的骄人双雄。

即使是英雄辈出的时代，却也只有为数不多的英雄可以传世。英雄也是一种天才，比如汉武帝，天生就是做君王的材料。选对了职业，并且有一个能够施展才华的平台，他才能够施展雄才大略，成为史上最牛气最霸气的皇帝。

史上最牛气最霸气的皇帝也是一步步炼成的。

机遇很重要，如果没有合适的机遇，他的职业舞台就是别人的，即使上来的那个人也叫汉武帝，也只能是改变历史走向的另外一个汉武帝。

汉武帝的老爸汉景帝刘启一共有十四个儿子，汉武帝是他的第十个儿子。按说怎么也轮不上刘彻当皇帝，从上面说，刘彻的奶奶窦太后铁了心想把小儿子刘武推到皇位上，从下面讲，汉景帝最宠爱的是栗姬，栗姬的长子刘荣已经被立为太子了。可这个世界上除了顺理成章，还有个阴差阳错，刘彻就属于阴差阳错走上皇帝岗位的。

作为太子，刘荣做事也是小心翼翼诚惶诚恐的，其实他并没有犯实质性的错误，主要是刘荣的老妈栗姬，不但缺乏政治头脑没把汉景帝哄好，把大姑子刘嫖也得罪了。馆陶公主刘嫖想把女儿陈阿娇许配给太子刘荣，被栗姬婉言拒绝了。刘嫖很没面子，但死活还是想把女儿推销给某个侄子，就找到刘彻的妈妈王夫人。王夫人明知陈阿娇比刘彻大好几岁，为了讨好刘嫖居然痛痛快快答应了。刚刚六岁的小屁孩儿刘彻无奈地成为十岁的大表姐陈阿娇的准女婿。这次联姻的最大利益在于，刘嫖为了让准姑爷成为太子竭尽全力在背后捣鼓，后来真把刘荣的太子捅咕掉了，还把刘彻推上了太子的位置。

太子头衔顶在头上，刘彻小小年纪就变成了与众不同的另类人物，从学前班开始，皇宫就要给他开设皇上专修课，从专修班量身定做出来的帝王当然更像帝王，至少比他的祖爷爷刘邦要像样得多。

因为从几岁起就内定了刘彻将来要接老爸汉景帝的班，所以，他在成长历程中骨子里就注入了牛气的自信和不可一世的自尊。至于说霸气，是坐上皇上的宝座之后才慢慢培养出来的。

十六岁登基的刘彻青春年少，沉重的政治责任让他这个少年皇帝必须像个成熟的小大人似的去应对天下大事。

年轻人涉世不深没经验，但是年轻没有负担，可以轻装上阵，无所顾忌地去做自己想做的事。少年皇帝刘彻正是利用了自己的年轻气盛，一上任他就敢于像个男人一样担负起作为一代皇帝所肩负的历史责任，就开始做老爸一辈子不敢做的事。

派遣张骞出使西域是他上任第二年做的决策，扩修上林苑也是他当上皇帝最初几年做的大事之一。

联合大月氏对抗匈奴，这件事上任皇帝不是没想过，只是没敢做。匈奴是历届西汉帝王的心头之患，他们能做的无非是把自己的女儿贡献出去给人家当老婆，曲线救国求得一段时间的相对安宁，等人家厌倦了这个西汉老婆，还得再派一个去，否则就又有麻烦了。少年皇上刘彻一上任，想做的头等大事就是派使臣出使西域。他稳稳坐在皇帝的座位上，朱砂笔一圈就批阅了一个文件，大张旗鼓在全国各地寻找外交人才，张骞脱颖而出成为最合适的人选。朝廷批下专项资金，经过突击培训后举行了简短的送行仪式，张骞带着他的一百多人西出长安，开始实施十七岁少年天子的历史创举。刘彻一手策划的张骞出使西域行动，一不留神成为古今中外亘古少见的大手笔。

花巨资扩修皇家园林是历朝历代做皇帝的忌讳，一般来讲，这种方案都会有号称反腐倡廉的大臣跳出来反对，汉武帝想做这件事的时候当然也不例外，东方朔就跳出来明目张胆地反对，还写了文笔优美的《谏起上林苑疏》，列举种种反对理由。刘彻凭着初生牛犊不怕虎的无知无畏精神我行我素，把方圆几百里的山川肥田用围墙圈起来，修成著名的皇家苑囿。修建这庞大霸气的皇家野生动植物园放在别的皇上身上一定会成为千古绝骂，但是，就因为是刘彻干的却几乎听不到骂声。为什么？就因为他是汉武帝，汉武帝就可以这样不计后果。

任何一种牛气和霸气，一方面要有强大的心理支撑，另一方面也要有物质基础。没有经济基础的牛气和霸气叫作穷横，穷横是无本之木，只能唬一时，不能唬一世。人家刘彻有爷爷和老爸留下的雄厚家底做支撑，敢于大刀阔斧在政治上推行推恩令，依法推动诸侯分封制度建设，加强中央集权；在经济上把冶铁、煮盐、酿酒行业搞成有编制的国有企业，禁止诸侯国铸钱，财政集权于中央；在思想上“罢黜百家，独尊儒术”，把全国人民的思想统一到儒道上来；在军事上发动对外战争开拓疆土，在位五十四年，进行了五十年的大小战争，是中国历史上第一位派大军深入匈奴腹地决战的皇帝。大规模的对外战争，极大地扩展了中国的版图，当然也消耗了国力，穷兵黩武不过是他牛气和霸气的副产品，从主流上看，谁都不敢否认他是中国历史上一颗耀眼的巨星，是具有雄才大略的绝世圣者。

汉武帝是政治军事外交等等方面的奇才，但凡是奇才都有致命的缺点和不足，汉武帝也不例外。他牛气起来就会不管不顾，谁的话都听不进，就显得自我固执，任性偏执像个庸主；他霸气起来不可一世，就会虚荣自私，骄傲自大像个暴君。他奢靡好色，也喜欢美女，喜欢浪漫，喜欢诗词歌赋，甚至对待女人他也不改一贯的牛气和霸气。

金屋藏娇是他对生命中第一个女人陈阿娇的爱情承诺，说出那句诺言的时候，汉武帝不过区区六岁，乳臭未干的幼儿园大班男生刘彻就敢说出造座金屋子把喜欢的女孩珍藏起来的冲天牛气的话，你能说这句话不够霸气？青梅竹马的大表姐陈阿娇虽然没有住进金屋，却也被藏娇了若干年，直到人老珠黄，被新宠卫子夫取代。

卫子夫和汉武帝之间有过很动人的爱情故事，故事的结局却很悲惨。从色衰失宠到被废，到她和儿子被逼自杀，汉武帝对待女人和爱情也是武断专制的，惟我独尊。他只在乎他自己的爱情他自己的感受，女人不过是一件御用品，必要的时候必须做出牺牲。比如那个传说有些残疾的绝世美女钩弋夫人，朕要你死，你就必须得死，立你的儿子做太子，你付出的代价就是奉命自杀。做这些事的时候，汉武帝就像平时批阅一个普通文件，朱砂笔轻轻一点，同床共枕的女人命就没了。

江山只有一个，美女有的是，泱泱大国的君王还吝惜一个女人？这样的大气霸气背后，是让人凉透脊背的冷血。或许，他是皇帝，是玩政治的，他只能这样。

不仅仅是对女人，对手下的官员、将士，他也是同样冷血和霸道。汉武帝一朝一共用了十三位丞相，六位死于非命，到后来汉武帝再让谁当丞相，吓得人家趴在地上嚎啕大哭。当也是死，不当也是死，天下没有别的王道，汉武帝的话就是王道。他爱惜人才的时候拿着人才当生命，斩杀的时候人才就变得草芥都不如。

霸气一生，汉武帝对自己身上的优点和缺点心里明镜似的，都记得清清楚楚，所以步入暮年的汉武帝开始回忆总结自己的一生功过，年近七旬颁布了《轮台罪己诏》，对自己一生的功过进行了客观评价，做出深刻的自我批评。敢于大胆否定自我的“罪己”皇帝，没有心胸和肚量是做不到的，这说明人家汉武帝是真正的牛人。汉武帝英明就英明在这里，待到盖棺定论的时候，论及汉武帝的功过，拿出罪己诏这个杀手锏，看看，一代雄主敢于这样直面人生，换做别人能做到吗？唉，连承认错误都牛气哄哄，让天下女子恨不得穿越到西汉，遇上汉武帝这样的男人，即使死在他的刀下也值了。

# 活在美人堆，死在温柔乡

读史就会发现中国皇帝基本上都好色，不但像汉成帝刘骜这样的废物皇帝迷恋酒色，汉武帝那样功绩赫赫的皇帝也有同样的业余爱好。汉成帝无非是把这个副业当成了主业，本末一倒置结果就不一样了，汉成帝荣登中国古代昏君排名榜，他和赵飞燕、赵合德姐俩那点事儿，都过去两千年了还在茶余饭后被人们嚼来嚼去地继续演义着。



沉溺男色女色的中国皇帝们其实也很无奈，他们除了当皇帝这个主业，业余生活很贫乏。古代实在没有什么好玩的娱乐项目，皇帝也不例外，他比草根劳苦大众更容易寂寞。黎民百姓连饭都吃不上顾不上寂寞，皇帝饱暖思淫欲，又没有太多的娱乐项目，喝喝小酒，和后宫的女人们谈谈爱情就是最开心的娱乐。赶上人家汉成帝又具有娱乐精神，再加上赵飞燕、赵合德姐妹积极配合，能娱乐至死。汉成帝的娱乐精神，就是坚决把酒色进行到底，视死如归的酒色亡命徒精神。

刘骜并不是老爸汉元帝刘奭最喜欢的孩子，刘骜的老妈王政君也不是汉元帝最喜欢的女人。汉元帝最喜欢的女人叫司马良娣，那是他的初恋，他做太子时那个女人就死了，那个青春年少的妙龄女子一直占据着汉元帝的心，任是谁都赶不走。后来娶王政君是出于无奈，总要再找个人填充王妃的空缺吧，王政君走进了汉元帝心不在焉的生活中，例行公事生下了儿子刘骜。

虽然汉元帝刘奭不喜欢这个女人，也不喜欢这个孩子，但是孩子的爷爷汉宣帝拿着这个孙子当命根子。汉宣帝经历过许多磨难，一生坎坷，人到四十身体已经很糟糕了，他对隔辈人的喜爱有些像七老八十的老年人，刘骜从小就在爷爷身边长大，他很会哄皇爷爷高兴，这一哄等于把大汉江山哄到手了。

汉宣帝死后汉元帝即位，他按照老爸的遗愿把刘骜立为太子。

少年时代的刘骜还是很优秀的，他爱学习喜欢读书，经常写些文辞之类的习作，俨然是一个文学青年，那时候他做事也小心谨慎的，怕惹出什么事让老爸把太子的位子端了。这不是危言耸听，汉元帝除了刘骜还有别的儿子，随时都有可能把他废了。战战兢兢等到了汉元帝去世，二十二岁的刘骜即位当上了皇帝。

汉成帝一上任，就卸下过去的伪装回归到自己好玩好色的本性上。自从当上皇上他就没有干过几件正事，自己没有什么能力，就找外援，利用姥姥家的人帮自己撑腰，把二舅家的表弟王莽培养成了威胁汉朝江山的一大隐患，后来这个王莽最终篡夺了政权。汉成帝把政权交给姥姥家的外戚们打理，自己腾出更多的时间来享乐、泡妞。一边投资大搞游乐基础设施建设，建造霄游宫、飞行殿和云雷宫，一边不断引进新的美女填充后宫。

汉成帝对待爱情是杯水主义，对美女见一个爱一个，最早的恋人是许皇后，等见到多情才女班婕妤，立即移情到这个妹妹身上，许姐姐就成了明日黄花。班婕妤不愧是写过《汉书》的班固的姑奶奶，做起事来比一般的女人大气，她急领导所急想领导所想，知道皇上最需要的是什么，无私地把自己的侍女送给了汉成帝。不过即使主仆二人共同努力也没有拢住汉成帝的花心，当下一个目标出现的时候，班婕妤之流的宫内主流美女都彻底被PK下场了。宫外走进一个非主流美女赵飞燕，这个妖艳美女一亮相就吸引住了汉成帝的眼球，宫里成千上万的库存美女都变成了一文不值的过气货色。

像汉成帝这种有钱有闲的男人，绝对不满足于宫内这点儿娱乐项目。他经常到宫外寻求点刺激，某一日他微服寻乐来到阳阿公主家唱歌跳舞卡拉OK的时候，那个名叫赵飞燕的歌女一曲歌舞和几个眼神儿就把刘骜拿下了。皇宫里的女人们都是大家闺秀出身，一个个笑不露齿装模作样的，哪有这个女子风情迷人。刘骜大哥是个急性子，马上下令打包把赵美女带回家，全然不打听一下这个女子是什么来头。

赵飞燕草根出身，父母双亡，和妹妹赵合德举目无亲，不知道被倒卖了多少次，最后辗转到阳阿公主家。阳阿公主喜欢像收藏古董一样收藏绝色的歌妓，她收藏的歌妓也有升值空间，一旦被皇宫相中就一本万利。她一眼就看出了赵飞燕姐妹的收藏价值，把她们作为潜力股买下来悉心调教，给她们上声乐课舞蹈课，两个女孩美丽聪明，都是好学生。赵飞燕苗条纤瘦，是舞蹈天才，那飘飘若仙的舞姿无与伦比。因为舞姿轻盈如燕，就有了赵飞燕的艺名。在经常光临的高级男客人那色迷迷的目光指导下，她无师自通，知道了该用怎样的眼神勾引什么样的男人。

被带回后宫赵飞燕才知道这下子让自己逮着了，这位老哥居然是皇上。看来皇上也不过如此嘛，他看上去也是很一般的男人，只要是男人，用女人的招数准灵。

那个夜晚刘骜想让赵飞燕陪寝，她却推说不方便拒绝了，汉宫里还没有哪个女人敢拒绝皇上的。赵飞燕不但第一个夜晚没给皇上面子，第二个第三个夜晚也照例把皇帝拒回去了，这叫欲擒故纵。刘骜长这么大还没吃过这样的闭门羹。刘骜的征服欲被她挑逗起来，从此以后的若干个夜晚，刘骜成了赵飞燕一个人的男人，让后宫无数女子变成怨妇，激起大家的妒火。

让她们嫉妒去吧，赵飞燕不在乎这个。她不但不在乎，还故意作秀，摆POSE，谁让人家身材好啊。她还自创了一种舞蹈，手像拈花一般轻颤，身如清风缓缓移动，刘骜迷上了赵飞燕和赵飞燕的舞姿。男人爱上一个女人，总想给她点实惠的好处，先是封她为婕妤，后来干脆废了许皇后，立赵飞燕做了皇后。那时候刘骜是真心实意爱着赵飞燕，为了这个女人，他可以置国家政策、法制法规于不顾，赵飞燕出身微贱，按规定不允许当皇后，刘骜通过为赵飞燕造假户口假学历假档案等一系列造假手段，终于把心爱的女人扶到皇后的位置。

自从宫里来了个赵飞燕，刘骜的工作重点就完全彻底地转移到玩乐上，他每天动脑筋最多的事情就是怎样陪着美女玩得最好，能玩出创意，玩出新水平。

穷孩子出身的赵飞燕一旦飞黄腾达，最怕的就是失去，好日子不能丢失，这个男人更不能丢失。面对后宫那么多女人，要彻底拢住皇上刘骜，必须找到自己的同盟军，她首先想到的是妹妹赵合德。赵合德比赵飞燕丰腴一些，比姐姐更妩媚迷人，她在姐姐的推荐下来应聘，刚一闪亮登场就吸引住了皇上的眼球，刘骜惊喜地发现自己原来还有这么个美丽的小姨子，立即聘任为昭仪。按照刘骜的话说：如果国家政策允许他立两个皇后，他立马就把赵合德立为皇后。

赵飞燕姐妹都患有不孕不育症，作为皇上的女人，不孕不育是大忌，母随子贵，如果有一天别人的儿子继承了皇位，你还算什么？所以赵飞燕姐妹最怕别的嫔妃肚子有动静，只要听说谁怀孕了，立即想方设法把那对母子处理掉。女人因为嫉妒心疯狂到这个份儿上，好歹还有情可原，让人想不通的是刘骜，居然积极配合这两个女人的行动。被美色左右到这种境地的男人，不是一句没出息就说得完的。

有些男人就像一个容易喜新厌旧的孩子，女人就是男人手里的玩具，得到一个新玩具的时候疯狂喜欢一阵子，等玩够了马上扔掉换一个新的。赵飞燕这个玩具已经渐渐被刘骜玩腻了，被他冷落到一边，能入他法眼的只剩下一个赵合德。

失恋的惆怅把赵飞燕搞得忧伤不堪，她也恨妹妹的横刀夺爱。不过这个情敌是自己主动请来的，再说肥水没流外人田，皇上还在自家姐妹怀里，自己的皇后名分老妹也没抢去。其实现在她失落的不是皇上刘骜的爱，而是男人的爱。普天之下男人有的是，拣着好的挑一些，悄悄弄进来，偷来的爱更有味道。

一旦有了这个想法，就立即实施。她让手下的秘书在外面替自己物色帅哥偷偷送进宫。她这样做一来是为了满足自己空虚的爱，还有就是幻想借种怀孕，她不知道自己有不育不孕症。天天接待来自祖国四面八方的帅哥，赵飞燕已经有些忘记了自己还是皇上的女人，突然一日刘骜心血来潮到东宫视察，不小心就撞上了自己不愿看到的一幕。

赵飞燕公然给自己戴绿帽子，刘骜想马上把这个女人杀掉。关键时刻老妹儿赵合德发挥了作用，她梨花带雨地向皇上求情，并苦心设计温柔陷阱，用自己的柔媚多情转移他的注意力。赵飞燕的命保住了，但是和刘骜的情感已有了深深的裂痕，无论如何都难以修复了。



赵合德知道姐姐已经成了刘骜的明日黄花，赵家姐妹蛊惑皇上的重任就落在自己一个人的肩上了。她必须竭尽全力想出一切招数拢住皇上的心。她让人研制了一种具有奇效的春药，一颗下去就重振男人雄风，而且药效显著。不过时间长了也会有耐药性，所以刘骜不断加大药量，到最后一次要服用数颗才能起作用。刘骜人生的最后那个春夜，他一口气服用了十颗药，第二天一早衣服还没穿利索就做了风流鬼。赵合德知道自己的祸闯大了，谁也救不了自己了，当下就畏罪自杀了。

汉成帝的死给赵飞燕带来了一时的转机。她帮着刘骜的侄子定陶王刘欣登上皇位，这就是汉哀帝。汉哀帝怀着一颗感恩的心把赵飞燕尊为皇太后。赵飞燕原以为有这个新皇帝庇护着可以继续风光下去，没想到汉哀帝也短命，没过几年就死了。这回上来的新皇帝汉平帝刘衎不买她的账了，赵飞燕杀害皇子的事又被重新提起来，没办法，这个曾经显赫一时的美女不得不自己对生命进行了最后了断。

# 书生政治家的成功和失败

王莽是个很丑很丑的书生，这个书生曾经有极好的人缘儿，没篡权之前，人们都说他是好人，也没人觉得他丑得忍无可忍。篡权之后，如果他把政权牢牢地掌握在自己手中，实现他的政治理想，他在历史上的名声会比现在要好得多。关键是他篡权之后，政权在自己手里还没捂热乎就让人家老刘家又抢回去了，他不但没保住皇位，连命都没保住，当然名誉就更保不住了。

《汉书》是老刘家的铁杆亲戚班固写的，班固的老姑奶奶是汉成帝时代曾经很受宠爱的班婕妤，汉朝政权在，就有老班家的既得利益在，王莽把政权搞到自己手里，和班固还有什么关系？所以他对王莽的行为是深恶痛绝的，当然要在史书中口诛笔伐，把他骂得狗血喷头之后，还要踏上亿万只脚，叫他永世不得翻身。经过班固的如椽之笔记录之后，确实起到了他所预想的效果，王莽二千年以来一直没有咸鱼翻身。

不过后来的人们看问题越来越客观，许多人开始发出疑问：王莽有班固说的那么坏吗？王莽开始成为历史上最有争议的人物之一。许多人觉得，这个书生政治家其实还是很可爱的，之所以最终失败，是因为他并不是做皇帝的料。充其量王莽不过是一个有着乌托邦政治理想的书生政治家。

之所以说王莽是书生，而不把他列为书呆子之列，因为他很多时候还算机灵，虽然人长得不怎么好看，脑子还算灵光。只是命运一波三折，时好时坏。

王莽家族的崛起全仗着家里出了个皇后王政君。王政君不是那种铁腕女子，她是靠着运气走上国母位子的。这个岗位必须有强大的支撑才能坐稳，她对自己非常不自信，就找了娘家人做后盾，把大哥王凤推举到大司马高位上，国家大事一切由王凤说了算。

王政君娘家的老二王曼死得早，分封几个国舅的时候，就没了他的份儿。王莽是王曼的儿子，这孩子从小就其貌不扬，大嘴巴，短下巴，大奔儿头，金鱼眼，身长仅“七尺五寸”。这么丑陋的孩子，指定是没人喜欢的，要知道汉朝讲究美男经济，历任皇帝都喜欢帅哥，像王莽这种模样的到皇宫里串亲戚，表哥连正眼看都不会看他一眼。再加上他从小就走背字儿，老爸死得早，大哥也早早逝去，留下一群孤儿寡母的，全靠这一个丑小子撑着家里这片天。



王莽很丑，但是很温柔。窘迫的家境让他不得不俭朴生活，谦逊的容颜让他不得不低调做人。他从小就是品学兼优的三好学生，知道孝敬老妈尊敬寡嫂疼爱侄子，他读了很多书，读书多的结果让他像一个温文尔雅谦恭的书生。这个穷酸书生对伯父王凤极为恭顺，他用自己的品行和学识讨得了姑妈王政君和身居大司马之位的伯父王凤的怜爱。

王凤病入膏肓的时候，经常守在他床前的有两个人，一个是侄子王莽，另一个是外甥淳于长。淳于长管王凤叫舅舅，管王政君叫姨妈，比表弟王莽长得帅，也比他受人重视，此时已经是地位很高了。他在舅舅病床前表孝心是有着极强的政治目的的，为的是提拔得更快一些。王莽那时候和淳于长表哥还不是一个重量级的，没有什么可比性，他的心思基本上在尽孝上，当然也不排除有讨好大伯的嫌疑。王凤被王莽感动了，临死留下遗言，让王政君照顾一下王莽，给他在皇宫找个差事干干。



王莽的第一个工作是黄门侍郎，在皇上身边管理机关事务，后来提升为射声校尉，有姑妈罩着，王莽仕途很顺，工资待遇很高，他已经不再是穷人了，但是他永远记着自己做穷人时的不易，经常把自己的工资拿出一部分接济基层群众，据说还曾经把自己的马车卖了换成钱分给穷人。他的这些做法为他赢得了人心，群众纷纷拥戴他。当然王莽为了赢得民心付出的代价是惨重的，他当了高官却依然没有脱贫，因为工资基本上都散出去了，他成了很另类的高官穷人，穷到了老婆连件遮体的囫囵衣服都没有的地步，某一日王莽老妈得病同事们去探望，王莽老婆迎出来，破衣烂衫的，大家还以为是个女佣人，等搞清楚原来是家里的女主人，大家都大跌眼镜。

王莽因救济别人而返贫，他叔叔王商实在看不过去了，只好自愿划出自己封地的一部分让给王莽，为的是让这个侄子尽快脱贫致富奔小康。

汉宣帝之后大司马官职权力很大，甚至比丞相的权力都大，职掌全国政务。汉成帝时代多年来这个职务都是王政君娘家人执掌着，到王政君的小弟王根即将退休的时候，这个职位出现了两个竞争人选，一个是王莽，另一个就是淳于长。

王莽想当这个官主要是为了实现自己的政治理想，对他来讲，大司马是一个极好的政治平台。一向不择手段往上爬的官迷淳于长不会轻易把这个职位让给他从来就没放在眼里的王莽的，他已经营造了对自己非常有利的舆论氛围，让全国人民都知道他是接替王根上任的唯一人选。他做梦都没想到，王莽此时也会来一次阴的，脚下给他狠狠使了一个绊子。

作为在官场混了有些年头的书生，关键时候王莽使出的最大杀手锏就是：淳于长有男女作风问题！这个问题本来可大可小，但是淳于长染指的对象是废皇后许氏，他利用许皇后托他办事的机会调戏勒索那个女人。虽然因为有了赵飞燕姐妹汉成帝已经把许皇后废弃了，但毕竟还是他名下的女人，可以允许他抛弃，决不能让别的男人调戏猥亵。淳于长不战自败，王莽顺利夺得大司马岗位。

汉成帝死后，新上任的汉哀帝以铲除外戚为己任，王莽不得已退居朝野，汉哀帝在位不过七年，这位著名的同性恋皇帝在情色上过于放纵自己，二十五岁就把生命交代了，九岁的新皇帝汉平帝上任，王莽接着当他的大司马。为了稳妥起见，几年后他把自己十四岁的大女儿嫁给十二岁的小皇帝做皇后。现在王莽已经变成了新一轮的皇亲国戚，他完全有能力施展政治抱负了，提前开始了乌托邦实验。灾荒之年，他带头不吃荤，带头捐款赈灾，这轰轰烈烈的捐款活动不但让大臣们纷纷解囊，皇太后也捐出了巨款为灾民建安居房。另外在全国征集数千各类学者，为学者建住宅。他要实现市无二价，官无狱讼，邑无盗贼，野无饥民，道不拾遗，男女异路的理想社会模式。这理想在遥远的古代，异想天开的近乎离谱儿。

王莽一贯喜欢干离谱儿的事，他喜欢政治舞台上的另类表演，也喜欢掌声。有时候他像书生一样钻牛角尖认死理儿，有时候也会像政治家一样冷血无情。有人说汉平帝是王莽毒杀的，已经大权在握的王莽实在没必要把皇帝除掉，除非已经慢慢长大的小皇帝越来越不听话，不得已而杀之。他最无情的典型案例是对待自己的亲生儿女不徇私情，大儿子王宇、二儿子王获都因他而死。当年王获因杀奴获罪，王莽逼他自杀；王宇反对王莽压制汉平帝母家卫氏，替她打抱不平，在老爸的逼迫下也自杀了；后来他的孙子王宗也因罪自杀，甚至做了皇后的那个女儿最终也在王莽败亡之后自焚身亡。王莽匪夷所思的行为外人看不懂，说他大义灭亲公正廉明吧，确实太狠了点，说他会玩儿政治吧，杀的都是自己的至亲骨肉。打仗亲兄弟上阵父子兵，你把儿女们都消灭干净了，夺了政权有什么用？

最想不通的是王莽的老婆，王莽在婚姻爱情上还算比较忠贞，就这一个老婆，这在那个时代是罕见的，所以伤子之痛全部要由这一个女人来承受，她已经承受不住了，变得神经兮兮，整天疯疯癫癫的。

汉平帝死后，新上任的小皇上更小了，只有两岁，上幼儿园小班都没人愿要。王太后下诏封王莽为“假皇帝”，从假皇帝到真皇帝，王莽用了不过个把年的功夫，通过平稳过渡，大汉帝国的江山就改姓王了，定国号为“新”。

现在他开始尽情施展自己的政治理想了，他不顾国情，大刀阔斧进行改革。仿照周朝的制度推行新政，改变币制，改革中央机构，更改官制和官名，削夺刘氏贵族的权利，不得买卖奴婢，实现人与人的地位平等。这些还都不是问题的关键，焦点最后集中在历朝历代最为敏感的土地问题上，他制定的私人不得买卖土地，抑制豪强兼并土地，实现耕者有其田，恢复王田制的政策，动了广大富豪们的奶酪，最终引起哗变。

王莽确实是书生意气，他的想法很好，但是不切合实际，违反社会发展规律，缺乏可操作性，必然要把国家上下搞得一片混乱。不但高官富人不满，百姓看不到利益也不满，又赶上连年和匈奴征战，黄河泛滥，赤眉、绿林起义军趁机揭竿而起，王莽集团快速走向灭亡。当绿林军攻入长安的时候，六十九岁的王莽彻底放下皇帝的架子落荒逃窜，最终却被商人杜吴杀死了。

不知道这个杜吴是做什么买卖的商人，和王莽的深仇大恨大概就在于他抑制商人，严格控制私营商品经济的一系列改革政策。搞改革最后把自己的脑袋革掉了，这个失败的书生政治家恐怕到最后也不知道，自己错误的关键不是篡了权，而是当错了政。

# 帝王舞台上最出色的表演秀

刘邦打下了西汉的江山，刘秀打下了东汉的江山。

两个草根出身的皇帝，两个靠乌合之众组成的起义军夺取天下的草莽司令。

和流氓成性的祖爷爷刘邦相比，刘秀走的是另外一个套路，他儒雅、沉着、冷静，有头脑。刘邦不过是地头蛇出身，从村干部起步，刘秀有学历，上过太学。打天下的时候，两个人还看不出太大差别，等坐到皇上龙椅上，在帝王舞台上玩起政治来两个人的区别就大了。

因为有皇家血缘的背景，刘秀的起点比老祖宗刘邦稍高一些。刘秀家族血缘的源头在汉景帝那儿，汉景帝醉酒错误地和程姬的侍女唐儿发生了关系，生下了儿子刘发。汉景帝对这个糊里糊涂得来的多余孩子从来都不喜欢。刘发长大后被分到经济条件不太好的长沙当长沙王，此后就一直在湖南湖北一带繁衍子孙。到了刘秀这一辈已经没有了贵族的雄厚底蕴，和邻居家的贫困户基本上差不多了。不过毕竟是皇家后代，有皇家会员的名号，骨子里还有没落贵族的傲气，老刘家掌权的时候，皇室每年还能给刘秀家这草根贵族一点贴补，后来王莽上了台，就和姓刘的没有任何关系了，刘秀甚至沦为放牛郎。

刘秀和刘邦最大的区别就是他是个好好学习天天向上的好学生，长大后不甘心在偏僻的乡下被淹没掉，进京求学，当然是半工半读的那种进修班。现在有人曾提出刘秀学历造假问题，确实，已经沦为穷人的刘秀大抵没有资历和资格进全国唯一的国家级重点大学——太学，恐怕连做旁听生的资格都没有，他在长安充其量也就是跟着函大班、夜大班混个学历。人家太学生毕业后是包分配的，刘秀在首都上了那么久的学，也没听说给他分配什么工作，估计不是正规学历。

不管什么学历，上过学和没有上过学的人就是不一样，刘秀思考问题的方式都跟村里人不一样。在老家的时候，像他这个年龄的男子都结婚了，他不愿随便娶一个凑合一辈子，而是暗恋上了富家美丽的女孩阴丽华。那时候他给自己定的奋斗目标就是长本事，有了本事回来娶阴丽华做老婆。在长安上学的时候，偶然看到了执金吾也就是皇家卫戍区司令外出时的铺张排场，从村里来的刘秀第一次看到这么隆重的官员外出场面，他当时说出了那句千古名言："仕宦当作执金吾，娶妻当得阴丽华。"

此时，他的最高理想也不过就是娶个阴丽华那样的美女，做个执金吾那样体面的官员。后来随着眼界的开阔，执金吾在他眼里已经变得一文不值了，但是阴丽华却永远是他的最爱。

为了阴丽华，他经过慎重考虑之后开始跟着哥哥闹革命。最初闹革命的目的并不是想自己当皇帝，只是想把王莽搞下台，换个姓刘的本家上去，他还接着做皇家的破落贵族，享受会员待遇。那样至少有机会当到执金吾级别的官员，至少有希望娶到梦中的女孩。

从审时度势，开始坚定信心闹革命那天起，刘秀就开始了自己的表演。他藏而不露，该谨慎的时候谨小慎微，该低调的时候可以低到尘埃里，该张扬的时候桀骜不驯、狂傲恣肆。

天下已经开始彻底大乱了，南方绿林军占据荆州，染着火红眉毛的赤眉军在山东形成了气候，刘秀哥几个这些刘家破落户也扯起杆破旗，在南阳郡春陵乡闹腾起来。刚刚闹革命的时候，刘秀没有刘邦当年的经济基础，骑着牛就跟着队伍走了，这个骑在牛背上的帅哥开始了他走向皇帝舞台进程中的初次亮相，直到后来打了一次胜仗，他才把牛换成了马。人家说刘秀是牛背上的开国皇帝，这话是有来头的。

从牛背换到马背上之后，刘秀一生的很多时光就在马背上度过了，打仗，不断地打仗，先是打江山，打下江山之后扩大疆土领域，还是打仗，一辈子经过了大大小小多少次战争，刘秀自己都数不清。

一开始，不管是南方的绿林军还是山东的赤眉军，还有像刘秀兄弟这种不太成气候的小股散兵游勇，大家都是自己干自己的。后来发现还是几支队伍合在一起力量大，东西南北的起义军就汇成一支大军，绿林军还带头拥立汉朝贵族刘玄做皇帝，号称更始帝。起义军刘秀兄弟尽管作战英勇，因为在人家手底下混事儿，日子并不好过。特别是昆阳大战攻占长安之后，刘秀的哥哥刘縯被傀儡更始帝刘玄杀了，刘秀充分利用自己善于表演的才能，装作坚决拥护更始帝的样子，把伤心和悲愤埋在心底，一忍再忍低调做人。

在忍耐中他得到了自己想得到的东西：想做执金吾的愿望实现了，他的官职已经是武信侯了；他想娶阴丽华的愿望也实现了，已经官至武信侯的刘秀风风光光迎娶了暗恋多年的阴丽华。

此时，如果更始帝不派刘秀平定河北，或许他这辈子就很满足地过他的老婆孩子热炕头的幸福生活了，但是“单车空节巡河北”又给了他施展野心的机会，他的野心被激活了，并暗暗生长着膨胀着，不但平定了河北，还娶了第二房太太郭圣通。郭圣通虽然不是刘秀爱的女人，但她是真定王刘杨的外甥女，这个女人是她娘家用来搞潜规则的。如果要让真定王出钱出兵，人家的条件是必须把郭圣通送给他，否则免谈。这次婚姻能让刘秀的政治利益最大化，刘秀将计就计，利用自己一贯的表演才能，收下了这个女人以及她娘家的雄厚资助。有了军事和经济后盾，他用四两拨千斤的力量把河北搞定了，然后刘秀趁热打铁登基做了皇帝。

刘秀这个开国皇帝上任后的许多年，一直没有多少机会安坐龙椅，他必须征战南北，把各式各样占山为王的山头削平了。统一了关东，拿下了西北陇右和西南巴蜀，打败了荆州的 “白皇帝”，当各路土匪剿杀得差不多了，即将尘埃落定的时候，已经是他当上皇帝十二年以后了，这十二年他终于把四分五裂的天下统一到一起。

其实刘秀不喜欢打仗，不喜欢马背上的生活，所以一旦平定了天下，他不许任何人再提跟打仗有关的事。

一直在马背上忙碌的刘秀终于可以好好在皇帝的舞台上表演了。锣鼓点儿一响，他的第一次亮相就是对百废待兴的帝国进行全面改革。有学历的皇帝和没有学历的就是不一样，不管这学历是真的还是假的，毕竟人家在京城学了不少东西，在工作中条理清晰。

刘秀努力在帝王舞台上把自己秀成一个好皇帝。

好皇帝必须关注民生，所以他多次发布释放奴婢和禁止残害奴婢的诏书。通过裁并郡县精简官员减少租徭役，通过发救济粮，兴修水利等措施让老百姓看到实惠。光武中兴的安定祥和局面让多年来生活在水深火热中的百姓看到了希望。

对政府官员们，他采用人性化的管理模式。当年平定天下的时候，他手下的大将军纪不够严明出现了扰民现象，刘秀连批评他们的诏书都写得声情并茂。对曾经参与谋害他哥哥的更始帝手下的官员，他不计前嫌，论功行赏，该封什么官封什么官，感动得那些人鼻涕眼泪的全流下来，见谁都夸皇帝有人格魅力。

对别人都表现得这样宽容，对买一赠一靠潜规则哭着喊着嫁给他的郭圣通当然更要给足面子。虽然刘秀从来没有爱过这个女人，因为利用过人家当上了皇帝，当然不能过河拆桥，所以先把她立为了皇后，又把她生的儿子立为太子。后来郭圣通犯了一般女人的通病，当上了皇后真把自己当根葱了，彻底把自己娇惯成了悍妇，神经过敏地把阴丽华看成了敌人，不断挤兑刘秀最爱的这个女人，挤来挤去，反倒把自己从皇后位子上挤了下去。一个皇帝如果保护不了自己深爱的女人，还当什么皇帝？刘秀当然不能让郭圣通再为所欲为了，废了郭圣通换上了阴丽华做皇后。自古以来但凡是废弃不用的皇后，都是要被打入冷宫的。刘秀没有亏待郭圣通，给她和二儿子在河北找了一块不错的封地，让她回老家过有钱有闲的贵妇生活。郭圣通生的那位太子也和老妈一样神经过敏，见老妈被废了，也岌岌自危把把太子位子看成了一块烫手的山芋，急着丢出去保全自己。他匆匆写了份辞职报告，把太子位甩给了阴丽华生的儿子刘庄。

刘秀表面上看在政治舞台上秀得很成功，赢得了掌声一片，但是他到处送顺水人情的松散管理模式也留下了很大隐患，儿子刘庄也就是后来的明帝即位后，不得不严格各项规章制度，治理老爸在任期间留下的后遗症。

# 第二章

# 汉朝文臣——权术舞台上的官员们

# 最够哥们儿的仗义兄弟

夏侯婴是刘邦的铁哥们儿。

两个人是沛县老乡，少年时代关系就不错。刘邦少年时候是个小混混，能和他做哥们儿的人，也应当是同类型的，猜想夏侯婴大概也属于流氓无产者。

按照史记的记载，这哥俩很有共同语言。那时候夏侯婴不过是县衙马房里掌管养马驾车的工作人员，刘邦是沛县泗水亭的亭长，送完领导路过刘邦的办公地点的时候，夏侯婴总要找刘邦聊聊天，赶上工作不忙的时候，可以聊上大半天。

从后来两个人的人生足迹来看，他们都是有理想的人，尽管做村干部的刘邦表面看上去像个酒囊饭袋，放浪不羁，其实内心世界是另一个样子。夏侯婴和刘邦半天半天的都聊些什么？绝对不会是泛泛的侃大山，他们或许也说些理想憧憬之类的。

后来夏侯婴从司机这种工勤人员转为试用的县吏，刘邦和他的关系更铁了。两个人拍拍打打的称兄道弟，经常开些过头的玩笑，某一次不小心玩笑开大了，夏侯婴受了点儿伤，两个人都没在意，却被别有用心的人写了一封匿名信告到县政府，说刘邦伤人，犯了刑事罪。刘邦身为村干部伤了人要受重罚的，他申诉自己是在和夏侯婴开玩笑，夏侯婴更是站出来证明，两个人只是玩笑开得有些大了，责任不在刘邦，如果说有责任，也是自己没把握好开玩笑的火候。这样一来问题就更严重了，刘邦不过是个亭长，夏侯婴是试用县吏，既然他讲义气把责任揽到自己头上，那就对不起了，对政府工作人员的处罚比村干部要重得多，夏侯婴因此被关押了一年多，几百板子把屁股都打烂了。

敢于替哥们儿顶雷的兄弟，就是最仗义的好兄弟，所以刘邦一直记着夏侯婴的好。后来刘邦拉杆子起义准备攻打沛县的时候，夏侯婴作为县领导派出的谈判员去和刘邦联络，他当然是替刘邦着想的，沛县成为刘邦的根据地之后，夏侯婴正式加入到刘邦麾下，成为他手下的一员得力干将，他们一起转战南北，夏侯婴的官位也一涨再涨，反正一切由刘邦说了算，他想给他封个什么官就封个什么官。

夏侯婴是个好人，一辈子救过好几次人。

慧眼识才，刀下救韩信是他做的一件仗义的事。

从项羽那边投诚过来的韩信做仓库管理员的时候犯了事儿，按军法当斩，夏侯婴做监斩官，前面的十三个同案犯都执行完了，轮到韩信了，也是他命不当绝，夏侯婴一眼看出他不是一般人物，不但刀下留人，还把他推荐给萧何，萧何月下追韩信的故事都是在这之后发生的。夏侯婴刀起刀收间，为创建汉朝大业留下了一个大将军。

彭城之战救下汉孝惠帝和鲁元公主是他做的另外一件仗义事。

这是刘邦的队伍走麦城的一次战役，不但没有撼动项羽，反而被他打得落花流水。刘邦坐着车落荒而逃，半路上遇上了也在逃命的一双儿女刘盈和刘乐，也就是后来的汉孝惠帝和鲁元公主，夏侯婴把他们拉上车，带上两个孩子一起逃命。后面是项羽的追兵，车上人多马跑不快，眼看着追兵越来越近，此时刘邦显现出自己无情无义的流氓本性，他几脚就把两个孩子踹下车，为的是减轻负担，逃得快一些。夏侯婴跳下车把两个孩子又抱上来，据说刘邦把孩子踢下去好几次，夏侯婴每次都坚持把他们又拽上来，让惊慌失措的孩子们抱紧自己的脖子，免得再被他们老爸踹下车。

当时，刘邦确实急了，你夏侯婴这是明目张胆和我对着干啊，你什么意思？我自己的儿女我不疼吗，眼下形势急迫，必须以大局为重，该舍弃的必须舍弃，无毒不丈夫，该狠的时候必须下狠心，不能因为两个小孩子，毁了我的建国大业。最危急的时候，刘邦甚至想拔刀把这个不顾大局的夏侯婴杀死。好在最后有惊无险，大家都逃出了险境，孝惠帝、鲁元公主在夏侯婴的保护下，全须全尾地回到老妈身边。他的这次仗义行动没有感动刘邦，却深深感动了吕后，后来许多打天下的功臣都没落下好下场，夏侯婴却不断被吕后封官封地，属于好人有好报的那种。

夏侯婴救下楚将季布是他做的另外一件仗义事。

季布作为项羽手下的干将，曾经在剿杀刘邦的多次战役中战功赫赫，对这样一个敌军高级将领，尽管不知道他在灭掉项羽之后潜逃到哪里去了，刘邦还是下了通缉令，一定要把这个一级战犯缉拿归案。季布其实就潜藏在山东大地主兼大游侠朱家的家里，朱家悄悄把这个情况向当时已经是汝阴侯滕公的夏侯婴做了汇报。夏侯婴觉得像季布这种有才的人，如果追捕到他走投无路的时候，他说不定就叛逃匈奴了，那样对刚刚建立的汉朝政权就是一个很大的威胁。倒不如撤销通缉令，把他收编了为我所用。选了刘邦心情好的时候，夏侯婴把这个观点灌输给刘邦，刘邦觉得有道理，居然同意了夏侯婴的意见。

因为夏侯婴的仗义，刘邦把他当成了一生的铁哥们儿，最重要的是，因为他冒死救下了刘邦和吕后的一双儿女，吕后尽管对许多人很冷酷毒辣无情，对夏侯婴永远心存感激，把他当成自己人看待。因为他是管车马的出身，所以西汉建国大业完成之后，又让他接着干老本行，但是主管的是皇帝的车马，官名叫太仆，属于九卿之一。吕后受了刘邦的刺激，后来怀疑一切，却从来没有怀疑过夏侯婴的忠心，刘邦死后孝惠帝上任，依然让夏侯婴担任太仆，吕后一直对他很尊敬，觉得让他在儿子身边，她心里踏实。还把紧靠在皇宫北面的一个高级别墅赐给他，她给这座豪华宅院起了个名字叫“近我”，这名字没什么文化含量，但是却很有人情味，“近我”顾名思义就是离我很近，也就是把夏侯婴当成了自己人。

讲义气的厚道人，很容易成为大家的朋友，孝惠帝在位没几年就死了，换上四岁的少帝刘恭，夏侯婴接着做太仆，再后来孝文皇帝上任了，夏侯婴仍然担任太仆，最后就死在了这个岗位上。

他的侯位一直被子孙们继承了下去,一直到曾孙夏侯颇那一辈，娶了平阳公主，按说他做了驸马该满足了吧，却色胆包天看上了老爸的小老婆，和那女人通奸，后来被人告发畏罪自杀，封国从此被撤消了，算是彻底丢了仗义的祖爷爷的脸。

# 靠点子公司蹿红的帅气阴谋家

西汉王朝的开国功臣陈平不是一般的聪明，而是太聪明了。他的点子公司是刘邦麾下的国营智囊团。他擅长搞阴谋，也搞阳谋，阴阳结合。他的鬼点子不仅帮着刘邦夺取了天下，也让自己脱贫致富飞黄腾达。

大凡聪明绝顶的人都矮小精瘦，形象奇奇怪怪的，像陈平这样的帅哥阴谋家，全天下也找不到几个。



陈平属于帅气又聪明的稀有品种，说他帅，不是顺嘴一说，人家司马迁老先生在《史记》里重墨渲染了他的英俊，说什么“平为人长美色”，一个大男人，用美色这样的词句形容，会被人误认为他属于娘娘腔式的小白脸。其实陈平并不是小白脸，他魁梧高大威猛甚至有些肥硕，在古代人的审美观中，这样的男人就叫英俊。

又高又帅的陈平从小是个苦孩子，吃糠咽菜长大的，老爸老妈死得早，跟着哥哥过日子，由哥哥供着上过几年学。他属于喝凉水都长个的那种类型，所以让村里人都奇怪，这小子穷得连饭都吃不上，还长得像个高帅富。据说陈平的嫂子对他不顾家里的贫困条件一心一意上学很不满，也附和着村里人说：吃糠咽菜的还装什么大尾巴狼，有这样的小叔子不如没有。因为这句话，陈平的哥哥把老婆休了。



陈平的嫂子是不是因为嘴上痛快了几句被休是一宗历史谜案。因为按照风言风语，陈平和嫂子的关系很暧昧，传说他和嫂子私通。

既然满心爱着英俊潇洒的小叔子，陈嫂即使嘴上言不由衷说几句对陈平不满的话，也是遮人耳目罢了，言辞不会多激烈，未必会成为陈平哥哥休妻的真正理由，或许陈平哥哥义无反顾地和老婆离婚，主要原因就是因为老婆和弟弟关系不正常。

关于陈平和嫂子是不是有情事，并没有对他的前途造成太大影响。尽管后来他投靠刘邦的时候有人把这点旧绯闻又作为污点提出来，刘邦一是看主流，他用的是陈平的聪明点子，人无完人，有点瑕疵不算什么；二是刘邦根本没觉得陈平这点事儿算什么大事，所以痛痛快快就把陈平留下了。

陈平的点子第一次取得巨大成功的案例，是自己的婚姻大事。

这个穷帅哥到了该结婚的年龄却迟迟不娶媳妇，不是娶不上，同等家庭条件的女孩子有的是，他是想凭着自己的聪明和英俊通过婚姻改变现有生活，所以高不成低不就的，后来就阴差阳错遇上了五任寡妇张小姐。张小姐是个富家女，嫁过五个男人，五个老公都被她克死了，后来只好在家一边守寡当剩女，一边伺机寻找下一个倒霉蛋。唯物主义者陈平想捡这个肥缺，不过人家张家宁肯让女儿老死在家里，也不会随便找一个穷得叮当响的贫困阶层，陈平的想法要成为现实还需要费一番周折。此时他没有什么正当职业，靠帮人家料理红白事挣点小钱儿。某一个丧事上，陈平遇上了张小姐的爷爷，大概死者和张小姐家有亲戚关系。陈平极力表现自己，为的是引起张老头的注意，只要张老头不走，天色再晚他也陪在一边耗着迟迟不离开。结果目的达到了，那位见多识广的老富翁用发展的眼光透过现象看本质，他觉得，一个男人长成这样高大英俊仪表堂堂哪像草根穷人啊，贫困只是暂时的，当下拍板把孙女嫁给了陈平。

死过五个老公的张小姐嫁给了第六任老公陈平，张老头的话确实没错，娶了这个有钱的小寡妇，陈平立即脱贫致富了，这还不是最幸运的，更幸运的是，他居然没有成为第六个倒霉鬼，而是顺顺当当活到了寿终正寝。

聪明过人的陈平虽然傍上了富姐，但是也不甘心一辈子吃软饭，乱世中他参军闹革命。不仅仅因为他是想翻身得解放的穷人出身，主要是他认为自己的聪明才智有了用武之处，穷人的队伍需要草根出身的智多星，他毫不谦虚地认为自己足智多谋，能帮着项羽出谋划策。在项羽那里他没有受到器重，正在郁闷的时候，偶尔在鸿门宴上遇上刘邦，他本着人挪活树挪死的生存法则，毅然决然跳槽到刘邦这边，成为刘邦智囊团的重要成员。

陈平投奔刘邦的时候就给他带了一份厚重的见面礼，他利用声东击西的计策，救出了深陷咸阳的刘邦。刚从项羽那边叛逃到刘邦这边来的时候，对这个新来的人大家议论纷纷。议论的焦点就是，陈平这个人思想品德不好，和嫂子有作风问题是一个，再就是他不廉洁，收受贿赂。刘邦本着疑人不用用人不疑的原则，认为这些都属于小节，和陈平的优秀才能比较，这些小污点算不上什么，要看主流嘛，陈平能弃暗投明为我刘邦安邦定国的伟大事业做贡献，不但要信任，还要重用。

陈平被破格提升为护军中尉，专门监督各位将领。他的点子公司开张时正是楚汉战争到了白刃战的时候，“六出奇计”为刘邦夺取天下奠定了基础。

刘邦被项羽围困在荥阳城，断绝了外援和粮草，这时候陈平的反间计起了决定作用，他重重贿赂敌人的将领，利用他们散布谣言搞离间，使项羽和大将钟离眛、范增之间离心离德。反间计取得显著效果后，陈平又接着使用第二计——离间计，对项羽派来的使者，故意透出范增和刘邦这边关系不一般的意思，通过嫁祸范增来离间项羽和范增。这招数怎么看怎么阴损，但是确实发挥了作用，离间取得成功，项羽和范增彻底掰了，范增气得稀里糊涂就死了。

范增一死，项羽明白自己中计了，他把所有的气都撒到攻打荥阳上。刘邦在城里坚持不住了，陈平说，不急，有哥们儿在，你很快就能出城。这次他用的是瞒天过海美人计，先由刘邦写诈降信约项羽在城东门见面，项羽信了，把主要兵力都布置到东门。一个和刘邦长得很像的人假扮成刘邦坐车向东门进发，护卫假刘邦的是两千多美女士兵，她们燕语莺声搔首弄姿，项羽也有些看不懂，刘邦身边怎么都是女兵啊？过去知道这小子好色，都混到这份儿上了，还没改这臭毛病？美女们到了东门开始分期分批强攻，其他几个城门的士兵听说东门突围的都是美女，都涌过来，名义上是过来增援，其实是来看美女的。真正的刘邦趁乱从西门突围出去了，等项羽明白自己又中计了，人家刘邦早就逃得无影无踪了。

下一个计策就和项羽没什么关系了，而是用来对付韩信的。

韩信在山东不断取得胜利就有些骄傲了，打报告要求封官加爵，派人把要求升职的报告送到刘邦手中。刘邦当时刚受过伤，身体不好，他这边战况不利，心情也不好，本来就一脑门子官司，一看韩信的报告立马就火了：我困在这里这么长时间了，天天盼着他来帮我一把，现在不但不来帮忙，还伸手要官！他还没骂够，想接着骂，被陈平在桌子底下踢了一下，刘邦马上意识到现在不是骂街发火的时候，这种危时急刻如果把韩信激火了，人家反过手来揍你，谁的天下还说不定呢。于是刘邦乖乖圈定了韩信的报告。

韩信一直是刘邦的心头大患，虽然打江山的时候立下过汗马功劳，但是刘邦即使登上皇帝位子，依然对他不信任，特别是有人告发已经当上楚王的韩信要谋反后，刘邦就一心要除掉他。韩信手下的军队无比强悍，来硬的不行，陈平就给刘邦出主意，让他以外出考察的名义在云梦泽接见韩信，用请君入瓮的方法不用一刀一枪就解决了韩信，这招儿很好使，韩信倒霉就倒霉在陈平身上。

因为陈平是天下公认的帅哥，一辈子很有女人缘，所以对于女人心理比较有研究，他还用一个点子，在白登轻而易举解了匈奴之围。

那个冬季，刚当上皇帝的刘邦亲自带兵迎战匈奴，被围困在大同附近的白登山。陈平发现匈奴那边的冒顿单于这次出来打仗带着新娶的美女王后，凭着自己多年来情场上的经验，就知道这个冒顿是个色鬼，容易被美女迷住。汉军出来打仗没带什么美女，要施美人计，只好借用冒顿的这个美女王后使唤使唤。他找人画了一幅绝色美人图，派人把金银珠宝和美人图送给美女王后，告诉她珠宝是给你的，图是给你老公的。我们想求和，等言和之后就把图上这个美女送给单于。

美女王后一看图上的美人比自己漂亮多了，她知道冒顿好色，如果有了这个女人，自己就彻底完了，要保住自己目前的地位必须让汉帝突围。回到军营美女王后就开始给做冒顿工作，说汉朝几十万援军明天就赶到了，我们赶紧撤吧，现在咱们围了人家那么长时间，人家不急不慌的，一定是有阴谋的，千万别中计。冒顿单于架不住美女梨花带雨地哭哭啼啼，第二天就撤兵了。

刘邦对帅哥陈平刮目相看，他也很佩服自己当初没有听信别人的风言风语毅然使用陈平这一决策的正确性，哈，都说陈平男女关系不检点，喜欢和美女套近乎，实践证明人家陈平深入了解美女也是必不可少的工作嘛，关键时候起作用了不是？

# 称职的二把手们

官场上，当一把手不容易，当二把手更不容易。

二把手必须有大智慧，不能比一把手笨甚至要比一把手聪明，却要顾全大局不越位、不缺位。有人说二把手必须有夹缝中求生存的政治智慧，这是一种大智慧。西汉的时候萧何、曹参这些二把手们都当得很成功，他们是古代比较称职的二把手。

萧何是刘邦的副手，两个人是沛县老乡，年岁相当，从十几岁就开始打交道。伺候刘邦这种没有准谱儿的具有流氓本性的上级领导，没有两把刷子是不行的。当初打天下时候的“汉初三杰”——萧何、张良、韩信，只有萧何伴君如伴虎地做了刘邦的副手，韩信建国没多久就被砍了头，张良为了保命早早就打了辞职报告退隐民间了，革命重担落在了萧何一个人的肩上。

有些人天生就是做一把手的材料，比如刘邦，宁当鸡头不做凤尾，即使在村子里当混混，也是小流氓头儿。有些人天生就是做副手的材料，比如萧何，当年刘邦当泗水亭长的时候，他已经是沛县县吏了，后来还是乖乖辅佐刘邦打天下，因为萧何有自知之明，知道自己不是帅才，只能做将。

做二把手必须细心周到，当年打下咸阳，刘邦手下的弟兄们忙着抢金银财宝，萧何却直奔档案库，保护了秦朝的文书档案、律令图书，这是无价之宝，靠这些档案资料，不用再摸底勘察，国家军事要塞、地形地貌、人口经济现状就全在掌控中了。

做二把手要应摆正位置，摆正心态，不能高高在上、不可一世，也不能妄自菲薄、自怨自艾。领导给你放权的时候，你要拿捏好，别以为真的就大权在握了，要真的信以为真，离倒霉就不远了。萧何非常明白这一点，在刘邦面前永远是谦逊的。你刘邦不是愿意显摆自己吗，把机会都给你一个人，所有的好处都留给你，让着你。有事没事多请示多汇报，即使领导烦了，等他不烦的时候，也要汇报上去，让他圈定。萧何在建宗庙、社稷、宫室、县邑等问题上，从来不自作主张，一律打报告让刘邦审批，大事基本上都由一把手一锤定音。表面上看这个副手有些软弱硬不起来。对待刘邦这样的领导，你就得装怂，只有让他感觉自己是一只手一支笔，给他创造一言堂一刀切的机会，他才把你当一家人，认为你和他一条心。

做二把手还要经常示弱，在某些地方故意显示出不如一把手，让他觉得你没有想取代他的野心，你的位置才能坐牢靠。比如有一段时间萧何太敬业了，恪尽职守，为老百姓做实事，非常受百姓拥戴。他手下有人就警告他：这段时间你工作太努力了，百姓爱戴你并不是好事，民心都归了你，皇帝往哪儿摆啊，这样下去离灭族就不远了。你也腐败一回，多买田地低价赊借，把坏名声扬出去，让皇帝放心。萧何不情愿地玩了一把腐败，却把刘邦哄高兴了，刘邦觉得这个副手总算找准了位置，这样的二把手还可以继续用。

曹参是继萧何后的汉朝第二任二把手，他不但是刘邦和萧何的老乡，还是萧何在沛县的同事，两人都为汉朝定邦立国做出过突出贡献。他曾经是萧何最好的朋友，后来两个人的关系有些远了，但是萧何临死的时候还是向孝惠皇帝刘盈推荐了曹参接替自己的职位。因为他了解曹参，知道他能把这项工作做好。

萧何去世的消息传到曹参任职的齐国，那时候曹参在齐国当二把手，他也属于适合做二把手的材料。听说多年不来往的老兄萧何去世了，他急着忙着让手下人收拾行装，非常肯定地说，做好准备，我马上就要到朝廷里当二把手了。手下人不敢不按他的指示去做，大家一边收拾行李，一边觉得好笑：没有接到任何通知，就自说自话地想进京当官，犯什么癔症？

没想到真让曹参说中了，很快朝廷就来宣布任职诏书了。曹参之所以敢说那样的大话，是因为他太了解萧何了，虽然这些年哥们儿之间来往不多，但是萧何是个以国家利益为重的人，他会不计前嫌，谁适合做国家的二把手他就会推荐谁。

在皇帝岗位上没有什么工作经验的惠帝刚刚十八岁，才当了一年多皇帝，还指望曹参上任后辅佐自己大刀阔斧做点大事。曹参到任后，却是另外一个工作套路。

国家政策没变化，但是手下的工作人员却来了一次大换血，都是重新招录的，首要的条件是质朴、厚道，不善文辞。这事儿就显得很奇怪，人家别的单位都招善文辞的工作人员，曹参却招来一群一锥子扎不出血来的老实蛋儿，他怎么想的？其实他就是需要一群听话、没有开拓精神的跟屁虫。一切按既定方针办，碰上个脑子活泛的想创新，不就乱了吗？

工作上推着走也是一种方法，如果在刘邦时代，像曹参这样的工作方式，早就被废了，现在不是已经变成惠帝时代了吗！在惠帝手下做二把手，相对要舒服多了。惠帝他妈吕太后确实是个厉害女人，但是她对政治一知半解的，不知道曹参这个二把手是怎么想的。

曹参和萧何两任二把手的工作作风完全不同。萧何的风格是谦虚谨慎，谨小慎微，曹参的风格则是放浪形骸，放荡不羁，他大约是中国历史上最放纵的二把手了，他貌似不理政事，整天泡在酒缸里痛饮美酒，谁来劝他，他就拉谁下水，让人家陪他一块喝，不醉不罢休。他把相国府开成酒店和卡拉 OK 歌厅，官员们歌舞升平，醉酒高歌，他甚至把自己的部下都培养成了酒鬼兼 K 歌高手。

除了工作作风不严肃，在工作上曹参采取无为而治的方法，他和他手下的酒鬼们并没有耽误过工作，你可以说他不敬业，但不能说他不称职。所以惠帝也不好批评他，小皇帝只能在背后对在自己身边工作的曹参的儿子曹窋嘟囔几句发发牢骚，说你老爸怎么这样啊，回家你问问他，现在我父皇不在了，我还年轻需要相国的扶持，你老爸身为相国天天喝得醉醺醺的，从来不向我这个皇上请示报告，他怎么处理国家大事啊。

曹窋歇班回到家就用小皇帝的话劝老爸，他没说是皇帝的意思。对这个敢于教育老子的儿子，曹参一肚子火，不问青红皂白就让人打了儿子二百板子，嫌儿子多管闲事。国家大事是你个小屁孩儿管得了的吗？我怎么干工作还用你指教？

挨了二百大板，曹窋的屁股肿得老高上不了班了，皇上自然也就知道了曹参打儿子的事，上朝的时候严肃地对自己这个二把手说：是我让曹窋去劝你的，你为什么惩罚他？曹参说，对不起皇上，我以为是这小子多管闲事呢。不是我不敬业，我有自己的考虑，现在正式向你汇报一下。



他陈述自己的理由，说先皇和萧何平定了天下，现在他们制定的各项规章制度已经很明确了，只要你按照先皇的道路去走，我们在各自的岗位上尽到职责，遵循上一代制定的法规政策执行起来不走样，就可以了。国家政策要有连续性，如果变来变去的，不利于社会的稳定和发展。

曹参属于大智若愚、与人为善、豁达开朗的二把手，萧何之所以推荐他在自己的岗位上继续工作，就因为他了解曹参具有非常好的战略头脑和非凡的大局观。能坚定不移按照既定的基本治国方略，毫不动摇地坚持下去，无论遇到什么人的反对都能力排众议坚持到底，

曹参大胆而正确地履行自己的职责，醉人不醉心，知道哪头轻哪头重，圆满完成了自己的分管工作，虽然只当了三年副手，却把国家治理得井井有条，总起来看，他是称职的二把手。

“萧规曹随”这个成语就是这么来的。

# 见好就收是一种大智慧

张良和陈平都是刘邦智囊团的成员，陈平的智慧只能算是点子，靠的是脑子活络，一般都是些阴损的小招数，张良的智慧才算是智谋，他每一个谋略都是深思熟虑后的大智慧。

官二代张良的人生之路大起大落，从丞相家的贵族公子，到穷得一文不名的布衣平民；从浪迹天涯的游侠，到农民起义军的高级将领；从大汉帝国的高官，最后到隐退山野的隐士。他痛苦过快乐过，失败过成功过，跌跌荡荡一生，活得明明白白。他见好就收，辉煌时全身而退的明智之举，是他在历史舞台上表演的最后一个大谋略，最终落得善始善终。

张良的爷爷是当官的，官职还不小，是战国时代韩国的相国，他老爸继承了这个官位，继续当相国，鞠躬尽瘁直到死在工作岗位上。老爸死的时候张良还是个小孩子，等他长大该继承祖上事业时，秦朝来了，韩国灭了，他从官二代变成了穷小子，不但官当不上了，家业也没了。

眼看到手的做高官的幸福生活让秦始皇轻而易举就彻底毁掉了，张良对秦始皇的仇恨是刻骨铭心的，他走上江湖要暗杀秦始皇。和陈胜吴广这些祖孙八代都是贫下中农的底层草根不一样，陈胜吴广的口号是“王侯将相宁有种乎”，张良从内心深处就认定了王侯将相是有种的，按照自己的贵族血统天生就是做王侯将相的材料。所以他自发行动起来，从年轻时代就自觉自愿地走上了反秦灭秦之路。

闯荡江湖也是需要资本的，汉代的游侠们都是有经济基础的地主甚至是官僚，韩国没落贵族的后代张良被秦始皇革了命之后，已经穷得快吃不上饭了，为了完成他的反秦大业，弟弟去世后他在丧葬费上都搞节约，用草席卷了卷就把他埋了，省出经费来为的是打造一件杀秦始皇的新式武器。

什么武器最实用，他和江湖上的哥们儿研究了很长时间，最后大家觉得用大锤砸最厉害，咣当一下子，一锤子买卖。不知道这些汉朝人的脑子里是怎么想的，怎么会用笨拙的大铁锤做武器。问题是这种近百斤的大铁锤没地方买去，只能自己订做，订做的费用很高。张良就把自家的全部家产加上在弟弟丧葬费上节省下来的经费全都用到了制作大铁锤上。

大铁锤制造好了，依然很麻烦，没人拿得动。张良长得又瘦又小，连杀鸡的力气和胆量都没有，更别说杀人了。他费了好大劲才在江湖上找到个大力士，让大力士天天拿着这把绝世无双的大锤练习，张良则到处侦查探听信息，寻找秦始皇外出的有利时机，择机行刺。

秦始皇东巡给他们创造了机会。张良和大力士埋伏在半路上，当车队从他们埋伏的地方经过的时候，按照事先策划的，大力士应当砸六驾车，因为按照乘车标准，皇上应当坐六驾车。其实人家秦始皇就防着这手呢，根本就没坐六驾车，所有的车都是四驾的，大力士就懵了，抡着大锤奔着最豪华的一辆马车就砸过去了，结果砸错了。挨砸的死了，大力士死了，张良逃跑了。

这次策划不周的刺杀行动以失败而告终，没伤秦始皇一根毫毛，还白白牺牲一个兄弟。逍遥法外的张良并不甘心自己的失败，卧薪尝胆，非常低调地拜高师潜心修行读书，研究完《素书》，研究兵法，八年的时间，他已经完全变了一个人。他做事不再像刚出道的时候那么鲁莽，而是深明韬略，足智多谋。

刺杀行动失败的八年之后，机会又来了。陈胜吴广起义的消息很振奋人心，只是秦始皇此时已经自己主动走进坟墓了，即使扯杆子闹革命，也没有杀死他的机会了。但是他儿子秦二世还在，杀死秦二世，捣毁秦王朝，说不定还能找回自己失去的韩国贵族地位。张良找了一些江湖上的乌合之众，也组织了一支小股部队，不过人马太少，长棍短棒的实在不像一支队伍。这帮散兵游勇正好碰上刘邦的军队，张良就带着他们投奔了刘邦。

张良最初的目标就是复韩，找到一个韩国的遗老遗少把他扶上王位，可是张良发现自己现在的理想已经比复韩远大多了，复韩已经不会让他有满足感，现在他的理想变成平天下了。

流氓出身的刘邦正需要人才，张良正是他最需要的那种人。他是文化人，却是从江湖上闯荡过多年的文化侠客，有江湖义气，没有文人的穷酸。刘邦最讨厌穷酸文人，张良有勇有谋，正好做他的谋士。

这个谋士正式上岗了。刘邦狂傲自大，但是却信服张良，对他言听计从。张良参与策划的宛城之战刘邦取得大胜，用张良的计谋攻克咸阳势如破竹，抢在项羽前面进入关中。

没见过世面的农民走进咸阳之后，做的第一件事就是抢，抢美女，抢财宝，一派闹哄哄的混乱局面。刘邦乡村流氓出身，当然带头抢最好的美女，最昂贵的财富。张良适时提出了约法三章、整顿部队纪律的要求，他教育刘邦要把目光放长远一些，你以为你还是村干部啊，胜利了天下都是你的了，什么美女啊，财宝啊，你不随便挑吗。

刘邦一听有道理，按照张良的“约法三章”赢得了民心。

鸿门宴上张良巧妙周旋，陷项羽于不义之地，之后通过明修栈道暗度陈仓为汉王朝建立打下了基础。

虽然张良帮刘邦出了许多计谋，心里还是想着他多年来向往的韩国丞相位置，此时项羽的灭韩行为把张良的美梦彻底击碎了。如果说过去张良对项羽还留些面子，现在项羽已经成为张良不折不扣的敌人了，至此他开始一心一意辅佐刘邦对付他们共同的敌人项羽。

张良最给力的一个谋略是反对刘邦分封六国后裔，为了说服刘邦，他一口气找出了八个反对理由。主要理由是项羽还占着绝对优势，依照现在汉军的实力，如果面临危机六国未必会帮他，现在刘邦队伍中几乎都是六国的精英，恢复了六国人家肯定都回去当自己的官去了，谁还理你刘邦啊？一语点醒梦中人，刘邦恍然大悟。

按照许多年前张良离家时的初衷，他的奋斗目标就是复兴韩国，现在刘邦主动提出分封，张良却坚决反对。多年的战斗洗礼，他已经不再是当年一心只想着杀死秦始皇，重新做韩国贵族的那个目光短浅的复仇少年张良了，他已经是成熟的有大局意识和战略意识的谋略家了。

等刘邦真正打下了天下，要封赏功臣的时候，张良却见好就收，急流勇退了。

汉初三杰——萧何、张良、韩信——最后有着不同的人生命运。

萧何被封了侯，但是装疯卖傻活着，即使有奢华的生活，天天过得提心吊胆。韩信被杀了，满门抄斩，下场悲惨。

刘邦给张良的封赏是自择齐三万户，张良没接受这厚重的封赏，主动要求到他第一次和刘邦相遇的那个地方也就是今天的江苏沛县。这低调的请求显得很诗意，很有人情味儿，刘邦答应了。萧何和韩信的境遇让他猛醒，眼下自己的政治理想已经实现了，狡兔死，走狗烹；飞鸟尽，良弓藏；敌国破，谋臣亡，活着才是硬道理啊。

当然，后来他也悄悄参与过一些政事，比如在太子刘盈即将被废的危急关头，吕后从他那里讨了个计策，保住了太子的位置。至于张良明明已经处于半隐居状态了为什么还要冒着生命危险帮吕后，坊间有很多说法，有人说张良是吕后的蓝颜知己，是吕后一生中唯一崇敬的人。张良对吕后的话也是比较听的，比如吕后劝他毋自苦他就听了，没做不食人间烟火的苦行僧。

# 权术也要掌握啊

窦婴重义气，是个好哥们儿；耿直实在，是个好人；勤政廉政，是个好官，但不是精于权术的政治家。他窝窝囊囊不明不白就被灭族了，连九岁的孩子也跟着一起斩首东市。落得这凄惨的下场，不仅仅是因为他替同僚灌夫打抱不平这一件事。冰冻三尺非一日之寒，窦婴在玩权术上似乎缺根弦，在皇帝特别是汉武帝身边，像他这种不懂权术的官员倒霉是必然的事，只是早一天晚一天的区别。

先说窦婴得罪窦太后那件事。

窦婴是窦太后的侄子，作为皇亲国戚你要懂得上头罩着你的人是谁。偏偏在这个问题上窦婴反应迟钝，公开招惹甚至反对窦太后，这是做官的大忌。再耿直也要在人前给亲手提拔自己的上级领导留面子，总不能把背靠的大树亲手砍了吧。

其实那一次他完全可以不招惹窦太后，因为根本就没有他说话的份儿，只要站在那里听着人家调侃，附和着哈哈假笑两声就是了。那还是汉景帝时代，皇上他妈窦太后举办家宴，一个规模不算太大的家庭派对，参加的人都是皇上家的自己人，窦太后、汉景帝、皇上的弟弟梁王，窦婴作为窦太后的侄子，也被当作自己人参加了这次家庭聚会。

汉景帝喝了几杯小酒，喝高兴了，顺嘴就说了句哄老妈高兴的话：将来我把皇位传给弟弟梁王。他不过就是这么信口一说，心里并不是真的就这么想的。窦太后恰好也有这个心思，听了大儿子的许诺自然很舒服，所以那天的氛围显得非常融洽。这句话自然也被坐在一边的窦婴听到了，这个凡事都要较真儿的人这个时候来真格的了，站出来公开反对，并列举历史上皇位兄传弟的失败教训，字字血声声泪，把窦太后的好心情彻底搅得云消雾散。

窦婴的搅局让窦太后的脸色晴转多云转阴转雷阵雨，她没等活动结束就挥手叫停：散了吧，我累了。

宴会虽然散了，这事儿并没有到此结束。过后正在更年期的窦太后越想越郁闷，对这个成事不足败事有余总给自己添乱的侄子从那天起再也不来往了。窦婴的驴脾气也上来了：谁怕谁啊，你不和我来往，我还不伺候你们老刘家了！他借口有病，立马就把自己的那个小官辞掉了。看来老窦家的人都爱斗气儿，窦太后一看这傻小子玩这个，下令再也不让窦婴踏进皇宫的大门一步。



没过多久，这个不让窦婴进宫门的决定就作废了。吴楚那边爆发七国之乱了，打仗亲兄弟上阵父子兵，关键时候还得靠亲戚们挑大梁。汉景帝让窦婴挂帅去平定叛乱，窦婴那股子劲儿还没过去呢，你们娘俩儿现在用人了我就是你们的亲戚了，不用人的时候连宫门都不让我进，我也摆摆谱儿，本人在家养病呢，没空陪你们玩儿。直到汉景帝非常有诚意地请了几次他才出山，因为平叛有功，后来被封了侯。

重新受到重视的窦婴好了伤疤忘了疼。他被分配当太子刘荣的老师，窦婴很敬业地做老师，让他永远也想不明白的是，几个女人搅和来搅和去的，就把太子换成了刘彻，刘荣被废了。窦婴根本不动脑筋思考这里面都有什么猫腻，就知道扯着嗓子喊反对，上朝的时候争吵不休，下朝之后接着闹闹嚷嚷，还是没有阻挡住刘荣被废掉的命运。窦婴心里纠结郁闷，对皇帝又有意见了。他一对上级领导有意见就采取歇病假的措施，找了个风景优美的山区长期请病假不上班了。

后来有高人指点给他：你傻啊，耍给谁看呢？你这么做就相当于告诉全天下的人，太子被废是错误决定。等哪天皇上和太后烦了，杀你们全家还不是小菜一碟。现在太子废都废了，你还指望一个废太子给你撑腰吗？还是好好哄着皇上和太后吧，你的一切都在他们手里攥着呢。

窦婴一听，有道理！赶紧销了病假回去上班了。他这次回来变得很乖，乖乖地哄姑妈窦太后。这次窦太后没真生窦婴的气，一是窦婴这一回自己来了个脑筋急转弯，说明他政治上有些成熟了，高兴还来不及呢；二是谁当太子和她这个太后没有什么利害关系，反正都是她的孙子。她觉得窦婴能改正错误就好，毕竟是娘家人，心里依然还是和他亲近，在丞相位置空缺的时候，提出让这个娘家人当丞相。但是表哥汉景帝对他有成见了，在汉景帝心目中，这个窦婴太自我，缺乏大局意识，这样的人是不适合当国家丞相的，再说他对新太子又有成见，只怕他和新太子不是一条心，所以很少驳回老妈建议的汉景帝，坚决否定了她提出的丞相人选。

当然，后来窦婴还是做了丞相，不过那已经是汉武帝时代了。总的来看，他在这个岗位上工作还是比较努力的，至少很卖力气。

做官和做买卖不一样，不是你卖力气就能取得好成绩好回报的。

窦婴最大的错误在于：一生中总得罪不该得罪的人，深交不该交的朋友。

窦太后亲手把他扶上了丞相的位置，这个老太太虽然没有什么文化，却信奉黄老学说，在很长一段时间内，人们的思想观念都被黄老理论统治着。汉武帝上台后，不按奶奶的思想路线走了，想把全国人民的思想统一到儒家学说上来。问题在于汉武帝改变思想路线有几个铁杆支持者，窦婴就是其中的一个。老太太生气了，我还活着呢你们就这么明目张胆和我唱反调，以为我岁数大了糊涂了，还是觉得我好欺负啊？她又亲手把丞相窦婴免了，和窦婴一块免职的还有太尉田蚡。

田蚡也是皇亲国戚，是窦太后儿媳王太后的弟弟，汉武帝的舅舅，之所以不和姐姐姓一个姓，因为他们只是同母不同父。作为皇上的舅舅，和窦婴这个皇上的表叔比较，人家的关系更近一步，更容易得到政治利益。作为在官场上混了半辈子的窦婴，这点儿道理应该很清楚，特别是后来窦太后去世了，窦婴上面没人罩着了，更应该小心谨慎，别轻易树敌。汉武帝的老妈王太后王娡是个很厉害很有手腕儿的女人，过去婆婆活着她说了不算，现在婆婆死了，她这个小媳妇终于熬出来了，丧事一办完就把丞相换了，把弟弟田蚡提拔到了丞相的位置上。此时的窦婴，论官职没人家田蚡高，论和皇帝的关系，没人家田蚡铁，过去有个皇太后姑妈，现在也走进坟墓了，皇亲国戚的那点儿关系几乎可以忽略不计了，哄田蚡还得看人家给不给面子呢，他倒好，明着和田蚡对着干。

曾经，窦婴家里也是高朋满座，后来他落魄了，许多朋友都走了，只有灌夫没有走。灌夫没离开他，也有不离开的道理，像灌夫这样的酒鬼兼莽汉武夫，谁愿结交这样的朋友啊，他之所以对窦婴不抛弃不放弃，是因为如果连这个朋友都丢弃了，他就一个朋友都没有了。但是窦婴不这么想，他认为灌夫这家伙够哥们儿讲义气，既然他拿着我当朋友，我就得披肝沥胆全心全意地对朋友好。

不久，他这个一贯惹是生非的好朋友就惹出了一件掉脑袋的大事。

那一天田蚡娶第 N 房夫人，大办宴席，其实田蚡家里的女人已经上百了，不在乎多娶一个少娶一个，他已经办了多次婚礼了，关键是每次都可以收些礼金什么的。窦婴和灌夫都在被邀请的行列，当然都要去喝喝喜酒随随份子。灌夫几杯酒下肚就开始醉酒闹事了，他这一搅局，把婚宴搞得不欢而散，自己也被抓进死牢。

窦婴想为朋友两肋插刀，到汉武帝跟前讨说法，说法没讨到，反而让田蚡诬陷了一把，把他一块抓了进去。窦婴本来想为朋友出头，眼看自己连命也搭上了，他还是怕死的，说自己有先皇景帝遗诏可以免死，家里人找出那份遗诏呈上去，却被认定是伪造的，说档案馆里没有副本。

最后窦婴被斩首灭族的罪名是“伪先帝诏书罪”。

也许到死窦婴也没有想明白，明明是汉景帝的诏书，怎么会是假的呢?

如果想让你死，真的也可以变成假的，这就是政治，没道理可讲。窦婴活得年纪一大把了政治上还是不成熟啊，不懂权术还不如就当一介草民，至少可以寿终正寝，让子孙后代自然繁衍下去。

# 晁错之死

晁错这个人中学历史上我们就学过，著名的西汉吴楚七国之乱，叛乱一方喊出来的口号是“诛晁错，清君侧”，他们提出的条件是，只要杀掉七国诸侯们的眼中钉肉中刺晁错，就立即结束这次叛乱行动。



实践证明，这个口号是中国历史上最不讲信用最不靠谱的一个口号。晁错作为一个求和的筹码被冤杀了，叛乱方却没有按照游戏规则兑现承诺，他们把叛乱活动搞得更加轰轰烈烈。晁错之死成为千古奇冤，汉景帝试图用牺牲晁错换来预想的政治利益，结果不但没有达到任何政治目的，还白白牺牲了一员大将，自己落下个不仁不义滥杀无辜的骂名。

作为汉景帝的老师，晁错最悲惨的不是被学生冤杀，而是临死还被学生骗了一把，按照学生汉景帝的指示到指定地点考察工作，有去无回被就地正法。这个学生还是他手把手教出来的，最终却让学生设了一个套儿，利利索索在长安东市被腰斩。

到死晁错也不知道自己错在哪里。

晁错错就错在他只知道工作，不懂得搞好人际关系，只知道一心一意把汉景帝的事业当作自己的事业，不知道看领导的脸色办事。做事太满，树敌太多，从来不给自己留后路，不给别人留余地。晁错出事儿是早晚的事，站在政治的风口浪尖上，不懂得自我保护，终究会被风吹雨打去。

毫无疑问，晁错是个聪明人，年轻时学法家学说，成为全国独一无二的专家，后来又被汉文帝选送学习儒家的《尚书》，又是天下第一。因为有大学问才被选拔为太子刘启也就是后来景帝的老师。学生汉景帝当上皇帝后，他成为朝廷智囊团的重要成员，先是被提拔为内史，最后被提拔为御史大夫。

大学问家并不适合做官，即使做了官也要忘记自己曾经是个学问家。晁错做了高官之后，总想给自己的一肚子学问找个安放的地方，所以他用自己的学问作支撑，经常给皇帝提建议，鼓动他搞改革。每一次改革都会触动一部分贵族的利益，到后来提出的削藩策算是把大汉帝国最高层的贵族得罪透了，一下子惹出了大麻烦。当来势迅猛的七国之乱到来之时，晁错学者的劣根性就充分表现出来了，他没想到自己捅了这样一个大娄子，拿不出果断措施补救。你补救不了，自然就会有别人跳出来帮皇帝出主意想办法。人家想出的办法就是快刀斩乱麻，让你晁错替自己的馊主意埋单。

汉景帝是晁错的学生，更是一国之君，他不但要顾及师生情感，更要顾及国家政治。真正的政治家，在人情和政治之间权衡总要以国家大局为重，关键时候需要把老师的生命放上政治的祭坛，就必须心冷手黑。哪怕是错了，只要达到政治目的，错了就错了！

晁错不是真正的政治家，他不懂得这里面的利害关系。

政治家和学问家的最大区别在于，学问家迂腐机械，讲真理认死理，一条道走到黑，不撞南墙不回头；政治家讲原则会变通，见风使舵，能周旋，脑筋活，懂得自我保护，即使遇上纠葛，也能很快把自己摘扯清楚。晁错的个性更像一个学者教授，有板有眼地按照理论上的程序搞行政管理，他不知道理论和实际有很大差距，他毫不吝惜自己比鸡蛋硬实不了多少的脑袋，狠命往石头上自杀式碰撞，最后的结果可想而知。

晁错是个好人，在这个世界上却没有一个真正的朋友。清高自傲是学者型官员的通病，他倒不是因为自己是皇上的老师就如何自傲，但是骨子里却觉得我是全国首屈一指的学者官员，我服谁，我怕谁？他今天得罪一些人，明天得罪一些人，慢慢就把该得罪的不该得罪的都得罪得差不多了。当初他被突击提拔，就把那些打过天下的功臣和祖祖辈辈做贵族的皇亲国戚们深深得罪了。凭什么啊，你一没打过江山，二没深厚的社会背景。问题是他走马上任后，真拿自己当根葱了，以搞改革为名动了上层社会的奶酪，他们心里能平衡吗？所以，从晁错的领导到他的手下，从各国的诸侯到小官小吏，都不喜欢晁错这个人。最早提出杀晁错的是丞相申屠嘉，从晁错做内史的时候，申屠嘉就和他死磕，因为有皇上护着，申屠嘉无可奈何，赶上他气性大，活活被气死了。后来力主杀晁错的是吴国的丞相袁盎，以及联名上书要杀晁错的廷尉张欧、明目张胆跳出来反对削藩策的窦婴等各色人等，都不是什么一肚子坏水的坏人，有的还是勤政廉政的清官，大家都把晁错看作眼中钉，可见晁错的人缘差到了什么程度。



晁错是个好官，却有些过于自我的个人英雄主义。总想显摆自己的才能，总想实现自己的政治理想，有些理论明明不适合国情，还要利用自己的特殊身份和地位在全国推行，还写了一批比如《言兵事疏》《守边劝农疏》《贵粟疏》《举贤良对策》等政论文章，阐述自己的理论观点。在那个年月，不得人心不讨人喜欢的政客危险系数是很高的。

晁错对国家一片好心，却常常好心不能办好事。因为他的削藩策，国家闹动乱了，这个时候他不是自告奋勇请缨亲自出马把这件事情摆平，而是提议让皇帝御驾亲征，自己留在京城大后方坐镇。晁错的用意是好的，皇帝出马一个顶百个，和别人带兵出征的震慑力不一样，他这样提议也是为了速战速决，尽快平息战乱。没想到所有的人此时都火了，都认为他居心不良。把皇上推到战争第一线，万一出了闪失，他晁错直接就篡权当皇帝了。后来汉景帝对大家的意见也有些相信了，越想越恨晁错，越思量越觉得他心术不正，这种心态为他之后果断地签发杀晁错的命令奠定了坚实的心理基础。

晁错忠心耿耿，大公无私，一心为皇上着想，一心一意服务好朝廷，从来不考虑自己和家人的安危。削藩政策推出来之后，把国家安定团结的政治局面搅乱了，朝野的中坚力量们的既得利益受到了重大伤害。这个政策的试行方案出来后，汉景帝让各级政要部门讨论，讨论阶段除了窦婴站出来反对，别人没敢提反对意见。但是后来确定了取消藩郡的名单，被列入名单的诸侯王们发言了：抗议，强烈抗议！他们的手里有军队，惹急了就会搞叛乱。晁错的老爸看明白了，儿子要给家里惹大事了，老人家从颍川老家风尘仆仆赶到长安苦劝晁错：那些诸侯王们招惹不得，他们都是皇室的人，到最后倒霉的是你这个无亲无故的外姓人。晁错几句冠冕堂皇的大道理就把老爸顶回去了，什么为了国家的长治久安啊之类的。晁老爸满心忧郁地回家了，回到老家买了点毒药就自杀了，他不愿意看到整个晁氏家族灭族的悲剧。

晁老爷子预测的很对，七国之乱爆发后，在国家利益和晁错之间，汉景帝毫不犹豫选择了除掉晁错。用他一个人的死换来一个国家的安宁。再说这个馊主意本来就是他出的，他为自己的错误决策埋单也是应该的。

只是直到临死晁错对自己的学生汉景帝还是忠心耿耿的，没想到他对自己玩阴的，突然袭击伸出屠刀。腰斩是个很残酷的刑罚，是用重斧把人从腰部砍成两截，身首异处，砍完之后人不会马上死去。晁错在生命的最后时光，躺在血泊中，会不会为自己的选择而后悔？可怜一个学者型高官，不如一辈子做学问。看来选择职业很重要，像晁错这种不适合搞政治的人，最好还是远离政治。

# 人缘奇差的主父偃

汉朝两个著名的人缘奇差的高官，一个是晁错，另一个是主父偃。

主父偃的人际关系比晁错还差，从小就属于姥姥不疼舅舅不爱的孩子，长大后到哪儿哪儿的人讨厌他。虽然曾经是汉武帝手下的红人，但是因为他善于利用职权打击报复，喜欢揭发同行们的隐私，喜欢明目张胆收受贿赂，最后还是被别人收拾掉了。汉武帝给他的处罚是灭族，他死了之后居然没人愿意替他收尸，只有一个手下的工作人员出于人道主义考虑，很不情愿地草草把他埋了。

主父偃这个人爱记仇，不管是父母、兄弟姐妹，还是朋友、同僚，谁的仇都记。爱记仇的人一般都有心理疾病，主父偃的心理问题要追溯到他贫苦的童年，山东穷孩子主父偃的父母生了一大帮儿女。孩子多了，就不会像独生子女那样把爱倾注到一个人的身上，特别是处于中间位置的孩子，在父母眼中一般都是边缘化人物。孩子们之间打打闹闹吵吵嚷嚷地在贫寒中成长着，主父偃为了多获得一点父爱母爱，或者为了多分一块馒头多吃一个梨，从小就学会了打兄弟姐妹的小报告，排挤他们，抬高自己，遭到了兄弟姐妹的一致憎恨。慢慢地老爸老妈也发现他这个遭人恨的臭毛病，越来越不喜欢他。被大家疏远的主父偃变得孤独寂寞，内心更加阴暗。

不过，主父偃的父母总体来说还是合格的，不管日子多么艰难，一直供着他读书。上学的时候主父偃和同学们之间也不怎么团结，所以他不断转学，稍稍长大后开始游走齐鲁大地半工半读，几乎把山东大大小小的学校都读遍了，所以他的名气很大，整个齐鲁地域的文化人、读书人都知道主父偃不仁不义，招惹不得，大家形成了一个共识：远离主父偃，就是远离伤害。

在本地到处都是冷脸子，主父偃并没有从自己身上找原因，而是觉得自己家乡的人不怎么样，他要到别处寻找温暖。后来就分别到了燕国、赵国、中山国，也就是把京津冀地区游走了一个遍，到了哪儿在哪儿遭白眼儿，遭排斥。其实他刚到一个地方的时候，人家对他也蛮好的，主要是他不知道珍惜和谐友好的大好局面。在朋友和刀子这个问题上，要看刀子扎的对象和位置，在自己身上扎刀子，为朋友两肋插刀的人，永远是受人尊重的好哥们儿；在朋友身上扎刀子，在人家背后捅刀子的人，是受人唾弃的龌龊小人。主父偃到任何地方都喜欢做在朋友背后捅刀子的人，所以注定他是那种人人喊打的角色。

主父偃工作后，也是经常在各单位跳槽，即使他不主动跳槽，人家也会炒他的鱿鱼。四十多年的时间里，他就一直过着这样动荡的生活，他自认为自己非常有才能，多年来只是怀才不遇，所以一直在等待一个能翻身的机会。

机会终于来了。当上皇帝没几年的汉武帝总感觉朝廷的人才不够用，贴出告示在全国召集贤良，主父偃刚刚被炒了鱿鱼正闲得发慌，看到告示一口气撰写了九条治理国家的建议和办法，呈递到有关部门。有关部门严格按照要求上报到汉武帝那里，汉武帝对主父偃很欣赏，亲自接见了他，直接就给了他一个郎中的职务。尝到了甜头后，主父偃不断提建议，他的建议多少有一些技术含量，很合年轻小皇上的口味，所以他的官职也不断提升，一年之内连升四级，创下了当时干部突击提拔之最，虽然违反干部任用条例，由于是皇帝钦点，谁也不敢反对。

从衣食无着的穷人一下子变成高官，主父偃手里有权力了就想好好使用一下。过去嘲笑过他，冷落过他，得罪过他的人，他心里都记着账呢！陈芝麻烂谷子的都被他翻腾出来，一点点算账，一个个报复。能放到大牢的放大牢，能整死的整死，能降职的降职，该穿小鞋的穿小鞋，反正一个都不放过。甚至连老爸老妈哥们儿弟兄他都打算好好报复一把。

主父偃报复最狠的两个人，是燕王和齐王。

燕王刘定国是汉武帝的哥哥，当年主父偃贫苦潦倒如丧家之犬流窜到燕国的时候，刘定国和燕国人民没给他什么好脸子。主父偃上台后就开始搜罗刘定国违法乱纪的蛛丝马迹。别的方面不好找证据，作风问题方面一下子就找到了一箩筐罪证。刘定国好色，他口味比较独特，本着肥水不流外人田以及熟人好下手的原则，家族的女人他几乎都搜集到自己的床上，先是把老爸的小老婆变成了自己的老婆，和这个女人生了一个儿子，后来又把弟弟的老婆也发展成自己的老婆，总之，老爸的女人、弟弟的女人都归到了他的名下，甚至和女儿、姐妹乱伦，这种混乱的婚恋关系造成了很不好的社会影响。主父偃主动向皇帝要求到燕国去搞调查处理这个案子，他一去刘定国就吓破了胆，匆匆忙忙就自杀了。

齐王刘次昌和汉武帝的关系远一点，是他的远房侄子，他得罪主父偃是因为拒娶主父偃的女儿。依照主父偃的性格，当然不会放过他。为了制服刘次昌，主父偃主动要求到基层锻炼，而且选的地点就是齐国。主父偃现在的职务是齐国丞相了，他一出现，刘次昌就知道自己离倒霉不远了，所以处处谨小慎微。即使这样，主父偃还是搜集到了他的罪证，依然是男女关系方面。这个刘次昌的口味和燕王刘定国有一拼，他有一个美女老婆纪王后，但是他不喜欢，他喜欢的女人是自己的亲姐姐，所以把姐姐变成了自己的情人，悄悄和姐姐通奸，被主父偃查到了，刘次昌也和刘定国一样，畏罪自杀了。

两个诸侯王在主父偃的报复下都自杀了，一般小官员岌岌自危，争着抢着给他送礼，以求破财免灾。主父偃来者不拒，谁的礼都敢收，一边受贿一边为自己的违纪行为找借口。但是有时候收了礼他并不办事，他已经习惯了向皇上告状，一边收人家的礼一边告人家的状，这就违反了官场的游戏规则。有人劝他差不多就得了，这样下去总有一天会出事的。主父偃振振有辞：俺从小就没过一天好日子，四十年在别人的白眼下生活，什么母爱啊，兄弟手足情啊、友情啊都没尝到过，现在就得把那些年的损失都夺回来。

这个满脑子小农意识的人，把倒行逆施看成是自己的本事和荣耀。他张扬地收受贿赂，大胆地到处树敌。他有些得意忘形了。燕王齐王都被逼死了，别的国王都怕自己步他们的后尘，特别是赵王也有作风等方面的问题，所以他以其人之道还治其人之身，恶人先告状把主父偃一纸诉状告上法庭。罪状主要是两条：一是受贿，二是谋害齐王。

两条罪状都成立，主父偃被抓进大牢。他的心理素质比那两个诸侯王强多了，一是坚决不自杀，二是坚决不认罪。不过终究没有逃脱灭族的厄运。出来混终究要还的，不杀主父偃不足以平民愤，汉武帝咬咬牙，杀吧！主父偃之死在当时是大快人心的，大家总算松了一口气，各地的诸侯们从此不怕有人举报了。

# 朝廷智圣的幽默人生

汉朝没有相声，也没有小品，但是汉朝不缺乏相声小品演员。

汉朝的相声小品演员都是学贯八斗，类似于清代纪晓岚那种类型的大学士。

古代的皇帝也没有什么娱乐生活，上朝累了，身边文臣武将那些生硬干巴的之乎者也搞得皇帝很烦，业余时间他需要个会说俏皮话的来给自己解解闷儿，放松一下。有些大臣不是不会幽默，私下在一起开玩笑的时候说起话来也很搞笑的，但是只要见到了皇上就迟钝了，幽默细胞顿时一个都找不到了。东方朔是个反例。他不管在谁面前都是一如既往，而且搞笑的方式有些无厘头。在皇帝面前，特别是汉武帝面前要无厘头搞不好会掉脑袋的，不但需要智慧，还需要胆量。东方朔是一个既有智慧又有胆量的汉代无厘头。

当初东方朔给汉武帝的特殊见面礼就让汉武帝感觉到了他横溢的才华。

汉武帝刚当上皇帝的时候，想在全国搞一次天下能人的海选活动。通知下发到全国各地，东方朔也见到了通知，感觉这是一次绝好的机会，必须充分利用。全国有本事的人海了去了，要想让皇帝注意到自己，必须在文章的内容和形式上都与众不同。

他炒作的方式就是在形式上把文章写得长长的，反正又没有字数限制。东方朔的这篇文章确实有点儿长，据说一共用了三千片竹简，专门雇了两个壮汉，连抬带扛地送到了指定地点。他这篇文章给汉武帝添了麻烦，为了看他的文章，汉武帝费了两个月时间。

这是一篇自荐书，但没有用一般的自荐方式来写，他毫不谦虚地自吹自擂，文字幽默诙谐，读起来比较轻松。汉武帝读他的文字，权当消遣。东方朔的自我推销很成功，汉武帝记住了那一大堆竹简，记住了竹简上的幽默文字，就此圈定，把这个有个性的小伙子留了下来。因为朝廷内没有娱乐明星的编制，只能混岗使用，临时把东方朔放到后勤的编制中。

后勤部门都是些工勤人员，工资待遇不高，也没有多少提升的机会，特别是像东方朔这种处于见习期的新来的，根本没有机会见到皇上，见不到皇上就没有实现理想的机会。寻找不到机会，他必须给自己创造机会。

东方朔给自己创造机会的招数很奇特，也很搞笑。

朝廷后勤的工勤人员有各种人等，甚至还有一些养马的侏儒。但是像东方朔这种自以为是的人，混迹这样的队伍中，觉得自己很窝囊，特别是他的工资还不高，他心理不平衡，不平衡的结果就是寻找平衡。他想出了一个馊主意，那几个侏儒不明白内情，成为他的枪手。

他悄悄告诉几个养马的侏儒：我得到了一个内部消息，像你们这些种田打仗都不行，又没有才能的人，对国家一点用处都没有，朝廷打算杀了你们。还不赶紧向皇帝求情，去晚了小命就没了。

侏儒们信以为真，哇哇大哭。东方朔说：跟我哭有什么用，找皇上去啊！

侏儒们第一时间找到皇上，哭着求情，让汉武帝手下留情，千万别杀他们。汉武帝一头雾水，不知道这都是哪跟哪儿，问他们哭哭啼啼的到底怎么回事啊？侏儒们就把东方朔的话如实告诉了汉武帝。

东方朔这次终于有机会见皇帝了，而且是皇帝亲自召见的。汉武帝一脸严肃，要看看这个妖言惑众的人到底长什么样。东方朔在皇帝面前沉稳冷静，不慌不忙：有什么事吗？还劳皇帝亲自接见。

汉武帝说那几个侏儒哭哭啼啼，是你造的谣吧。东方朔一脸坦然：是啊。我也是不得已啊，他们身高还没有我的一半，挣的钱比我还多，他们的工资吃饭能撑死，我的工资吃饭要活活饿死，在皇上身边不但得不到重用，还面临着饿死的危险，还不如放我回家，也好给您省点米。

汉武帝被他逗乐了，猛然想起让他费了两个月的时间才读完的那一大堆竹简貌似就是东方朔写的，一核实确实就是这个不要命的无厘头。

这样的人才，怎么能放他走呢，留着吧，留着给朕逗乐解闷儿。

东方朔重新安排了工作之后，从此可以经常在皇帝身边了，不过他的角色基本上就是给皇上解闷，相当于汉武帝私人的相声小品演员。汉武帝心烦了或者累了的时候，东方朔就招之即来，嘚啵嘚啵说上几句笑话，汉武帝高兴了，东方朔的工作任务也就完成了。



但是，面对新的工作东方朔并不是十分快乐。他虽然很幽默，但目标不是做宫廷里面的相声小品演员，他想施展自己的政治抱负，时不时就给汉武帝提提意见什么的。许多时候他的意见都是白提，汉武帝根本不当回事。因为他提意见也是用幽默的语气，真真假假的，皇帝只当是他在搞无厘头，难以高度重视。不过话又说回来了，倘若东方朔以正儿八经的方式提意见，离倒霉就不远了，以幽默的方式提意见也是一种策略和智慧，你听就听，不听就拉倒。

比如汉武帝刚上任的时候大张旗鼓修工程庞大的皇家园林上林苑，东方朔写了一份报告提出反对意见，汉武帝对他的建议都没有正眼看，该怎么修还怎么修，东方朔也没有气馁，有了意见该怎么提还怎么提。

后来汉武帝姑妈兼丈母娘馆陶公主引进了一个美男董偃。董偃和馆陶公主的恋情慢慢成了众人皆知的秘密。这事不但满朝大臣没人管，汉武帝也不管，不仅没管，汉武帝还赏了董偃不少东西，不单单是赏赐，还和董偃成了好朋友好游伴，两个人一起参加斗鸡走狗、游猎踢球之类的游艺活动。汉武帝和丈母娘的小情人走得越来越近，东方朔觉得该提醒一下他了，某一日汉武帝宴请馆陶公主和她的小情人的时候，东方朔装傻充愣提了出来。如果是别人提这个意见，汉武帝早就火了，面对这个无厘头，汉武帝一点脾气都没有，想了想，罢了，自己手下陪玩儿的帅哥多了去了，也不少他董偃这一个，让他专职做丈母娘的小情人吧。

对皇上家里那点破事儿，作为局外人大家一般都躲着走。汉武帝妹妹隆虑公主的儿子醉酒杀人，大臣们都向汉武帝这个皇舅舅求情让他免罪，只有东方朔假装糊涂向正在假哭的皇上表示祝贺。东方朔突然冒出的一句祝贺话，让大家都迷茫了：都这样了，还有什么可祝贺的？东方朔说当然要祝贺啦，哭赏不避仇敌，诛杀不择骨肉。说明圣上严明，大汉帝国有这样的好领导，当然要祝贺。东方朔这一祝贺，汉武帝碍于面子，不依法惩处外甥都不行了。

法办完外甥，汉武帝其实也挺恨东方朔的，但是恨归恨，又挑不出他的大错，即使能挑出他的错，也不能对他下手，朝廷里如果没有了东方朔这个幽默大师，他再郁闷了谁给他开心顺气儿啊。

东方朔经常直言不讳教育皇帝，经常向皇帝耍大牌，甚至喝醉了酒在殿上小便。在人们眼里他不过是个幽默明星，皇上对他宠着，也因为他是有娱乐作用的演员。他只能嬉笑怒骂，用自己的方式做一些供皇帝娱乐之外力所能及的事。虽然他自我感觉有将相之才，但是别人不这么认为，他只能用自己的方式娱乐皇上，麻醉自己，做大隐隐于朝的超级隐士。

他在皇帝那里骗吃骗喝骗钱，汉武帝也心甘情愿让他骗，骗来的钱财都让他消费在女人身上了。据说东方朔一辈子娶过许多老婆，他娶老婆有几个特点，一是非长安女子不娶，二是非小美女不娶，三是身边的女人一年一换，常换常新。旧的不去新的不来，他身边永远只有一个女子，所以虽然有过无数女人他却不是妻妾成群。同朝的官员们虽然妻妾成群，但是人家换女人总体来讲没有他换得勤，大家对他都有些羡慕嫉妒恨，汉武帝因为自己好色，同病相怜让他显得很包容，他替东方朔开脱：人无完人，如果他没有这个毛病，你们谁能比得过他？

看来汉武帝还是了解东方朔的，如果东方朔不这样无厘头，会不会因为其他的才能被皇帝重用？伴君如伴虎，按照汉武帝的脾气，另外一种性格的东方朔说不定早就变成刀下鬼了。

# 聪明反被聪明误

汉武帝临死之前，进行了隆重的托孤仪式，把八岁的小儿子汉昭帝托付给自己最信任的几个大臣：霍光、上官桀和桑弘羊。

几个大臣和汉昭帝之间不仅仅是君臣关系，他们之间还有理不清的亲戚朋友关系。

霍光年轻的时候和上官桀是好哥们儿，不仅是吃喝不分的酒肉朋友，还是那种穿一条裤子的铁哥们儿。后来霍光就把自己的女儿嫁给了上官桀的儿子，生下了上官凤儿，也就是说上官凤儿管上官桀叫爷爷，管霍光叫姥爷。小皇帝汉昭帝上任后，上官桀一家想方设法把五岁的上官凤儿塞给了小皇帝当媳妇，五岁的上官凤儿和十一岁的汉昭帝结了婚，成为皇后，夺得了中国历史上年纪最小的皇后的桂冠。霍光和上官桀手拉手成为皇亲国戚，成为亲戚走上高位后，两个人的关系反倒疏远了。搞政治的人和普通百姓不一样，普通百姓亲戚里道的彼此之间显得很亲近，霍光、上官桀都是人精，明着是亲戚，暗地里勾心斗角，刀光剑影。

一群聪明人凑到一起，往往会因为过于聪明而得不偿失。聪明反被聪明误的道理大家都懂，但是每每具体到自己身上就都糊涂了。二千年后，著名女作家冰心有首看似很不起眼的小诗，却道出了保持真正聪明的玄机："聪明人，抛弃你手里幻想的花吧！她只是虚无缥缈的，反分却你眼底春光。"

霍光是个聪明人，他是汉昭帝眼里的大红人。汉昭帝是个苦孩子，为了他能当皇帝，妈妈钩戈夫人丢了性命，汉武帝立这个小太子的时候，因为怕有朝一日太后专权，快刀斩乱麻防患于未然，提前把太子的母亲杀了。八岁就失去了父母的汉昭帝从霍光身上不但得到了政治上的辅佐，也找到了亲情和温暖，他只信任霍光，其他两个顾命大臣桑弘羊和上官桀成了摆设。

上官桀是个聪明人，但是他欲望太强，上官桀起初的欲望就是想利用自己和亲家霍光顾命大臣的特殊身份，把小孙女上官凤儿嫁给小皇帝当皇后，从此成为皇亲国戚的上官家祖祖辈辈就有好日子可过了。他没想到孩子的姥爷霍光会坚决反对，跳出来阻止这桩姻缘。虽然霍光后来没有阻挡住上官凤儿嫁给汉昭帝，两个人从此却结下怨恨。

桑弘羊是个聪明人，在财政管理和工商管理方面属于杰出人才，只是进入汉昭帝时代之后他的才能就施展不开了。著名的盐铁会议上，霍光连会议都没出席，只派去了一个作家团队一个公知团队，就重重地给了他点颜色看了。桑弘羊当时还算识相，知道自己已经老了，不想再争什么了，就把希望寄托到子孙后代身上，提出给孩子们找个好职位，被霍光当下就否了，说这不符合任用原则啊。桑弘羊心里有恨，就想找机会出出这口恶气。

同是朝廷沦落人，桑弘羊和上官桀原本关系一般般，因为共同的边缘化经历走到了一起，陆续加入到他们阵营的还有鄂邑公主和她的情夫。

鄂邑公主是汉昭帝的姐姐，多年来一直在宫里照顾着这个幼小的孤儿皇帝。这个人到中年的寡妇，虽然已经是祖母辈的年岁了，却依然风流，找了一个名叫丁外人的情夫，两个人高调地在皇宫内外秀恩爱，鄂邑公主想把情夫培养成朝廷官员，就向霍光提出了这个想法，当即被否决了。鄂邑公主从此正式和桑弘羊、上官桀结为倒霍同盟军，他们的共同目标就是想方设法把霍光搞下台。后来考虑到光凭他们这几个人实力太差了，又拉上了一心想篡权当皇上的燕王刘旦。

队伍不断壮大，他们这支“基地组织”万事俱备，只待东风。

上官桀最初的想法只是想把霍光搞下台，并不想伤害汉昭帝的利益。自己的孙女是汉昭帝的皇后，扳倒小皇帝自己没有什么光沾，但是搞来搞去的，后来也就身不由己了。鄂邑公主平心而论也不想伤及自己带大的小弟弟汉昭帝，但是要奋斗就要有牺牲，谁让你个小屁孩那么信服霍光呢，就别怪姐姐心狠了。对桑弘羊来讲，谁当皇帝都无所谓，只要把霍光办了他的目的就达到了。燕王刘旦看中的就是皇帝的位置，踢掉霍光是搂草打兔子捎带脚的事。

办事一贯严谨的霍光终于给他们创造了一个机会。他在长安附近检阅羽林军，把一名校尉调入自己府中。霍光分管军事，按说这不算什么大事，倒霍基地组织成员们觉得这就是把柄，上官桀和桑弘羊立即伪造了一封燕王的刘旦的上访信，告了一刁状，说霍光要谋反。

这一招够狠，霍光也不是刀枪不入的金刚不坏之身，一看人家的告状信送到皇上那儿去了，一下子也吓蒙了，哆哆嗦嗦缩在墙角，连朝都不敢上了，蹲在家里等着最后的发落。

倒是十四岁的少年皇帝汉昭帝一眼就识破了玄机：这封信不靠谱，霍光这两天刚检阅羽林军，远在外地的燕王得到的消息再快，也不可能把上访信以这么快的速度送过来。这信百分百是假的，想糊弄朕，没门儿！

这招儿没派上用场，他们又变了招数。秘密谋划杀掉霍光，废除刘弗陵，让刘旦即位。自以为一切策划天衣无缝，其实一切都已经在人家的掌控之中了。经过那封假上访信之后，朝廷安全部门已经开始暗中关注上官桀和桑弘羊的行踪了，所以利用鸿门宴方式秘密杀害霍光的行动也流产了，汉昭帝以谋反罪把桑弘羊、上官桀满门抄斩。刘旦和鄂邑公主迫于压力，也无颜在世面上活着了，找了根小绳自杀了。

那年桑弘羊已经七十四岁了，本来可以保持晚节颐养天年了，聪明反被聪明误把自己的老命和一家人的性命都搭了进去。

上官桀除了送进皇宫做皇后的小孙女上官凤儿，全家人都为他陪了葬。可怜无辜的上官凤儿那年才八岁就变成了孤儿。

貌似比桑弘羊、上官桀更聪明一些的霍光，后来也遭到了那哥俩同样的下场，汉宣帝时代他的家族也遭到了灭门的厄运。三个自以为聪明绝顶的人，无一例外都在政治斗争的舞台上悲壮谢幕。

# 第三章

# 汉朝武将——武夫们的人生际遇

# 生死两妇人

成败一萧何，生死两妇人，这句评语是说汉代名人韩信的。

韩信和萧何那点瓜葛地球人都知道，他和两个女人的瓜葛许多人或许不清楚，或许以为是传说中那些徐姬、相姬、薄姬之类的妖媚尤物。韩信生死关头的两个女人，一个是他穷得吃不上饭饿得两眼发蓝的时候，给了他几顿饱饭救了他一命的洗衣女工；一个是他刚刚过上和平安定幸福的生活就让他走向死亡的吕后。



韩信的少年时代和刘邦有许多相似之处，两人都是平民出身，都是问题少年。不同的是后来刘邦当上了村干部，韩信始终是一个不务正业的流浪者，从起点上就比刘邦差了那么一点点，难怪刘邦一辈子都要压他一头。

这个好吃懒做、放荡不羁的韩信生活在别人的白眼下，这儿蹭顿饭，那儿讨口吃的。他妈妈死的时候他已经穷得连薄葬的钱都没有了，靠化缘办的丧事，居然也办得风光排场，埋到一块又高又宽敞的坟地里。当地一个小吏由此推断，韩信是个有本事的人，将来有一天说不定会成大气候的，邀请他到自己家里蹭饭吃。韩信脸皮够厚，一点都不客气，把人家当成了免费饭店。

小吏的老婆对这个每天到家里吃白食的寄生虫烦透了，但是请神容易送神难，韩信每天不请自到，这女人想了一个绝招把韩信气跑了。她每天早上起五更做早饭，老公还在被窝里，就端给他吃了，吃完接着睡。韩信很讲究的，三顿饭一顿不拉，早上到人家吃饭，人家还躺在被窝里睡大觉呢，锅碗瓢勺就在那儿摆着，还没刷。

一眼就看明白了，人家已经嫌弃自己了。二流子韩信不同于一般二流子的地方在于他还是有血气的，否则他一辈子只能做一般的草根流氓，不会成为后来叱咤风云的大将军。

韩信下定决心不再靠别人活着，他不会经商，不会种田，就找了根竹竿到河边钓鱼。

这时候和韩信生命历程息息相关的那个洗衣妇出场了，她是个善良朴实勤快的老阿姨，每天都要到河边来漂洗衣服，靠洗衣工作挣钱养家糊口。不知是韩信钓鱼的地方鱼太少，还是他垂钓的技术太差，反正他一天下来也钓不上几条鱼，别说养活自己，连只猫都养活不了。在他饿得快要晕倒的时候，洗衣服的老阿姨把自己带来的饭分出一大半给韩信，之后的若干个日子，韩信天天分人家的饭吃，他也觉得有些不好意思，说了两句报答之类的客气话，老阿姨叹息说：算了吧，小伙子！你连口饭都混不上，混成这个可怜相，还能指望你报答？

这句话对韩信刺激很大，堂堂七尺男儿还要靠洗衣服谋生的老女人可怜，他开始觉醒了，郑重告诫自己：韩信啊，你可长点心吧！如果这辈子连老阿姨的恩情都报答不了，还算什么大男人？

浪子回头金不换，洗衣服的老阿姨不仅用她的粗茶淡饭挽救了韩信一条生命，更重要的是她用激将法挽救了韩信的未来。青春期的韩信还在青涩懵懂中，没有母爱的滋润，没有老师家长的指教，老阿姨替他补上了一课。韩信骨子里不是坏孩子，他听懂了这句话的良苦用心。后来功成名就以后，他践行诺言，找到依然在河边洗衣服讨生活的白发苍苍的老太太，给了她厚重的报答。

当年洗衣阿姨的教诲让韩信猛醒，回到城里后，他曾被街上的流氓戏弄，让他从胯下爬过去，韩信第一次没有用拳头说话，而是咬咬牙真的从流氓胯下爬过去了。

吃过洗衣服老阿姨的救命饭，经过胯下之辱的洗礼之后，韩信突然长大了，脱胎换骨变成了一个与过去性格完全不同的人。他开始苦练剑术，苦修兵法，秦末农民起义军闹革命的时候，他孤家寡人没什么牵挂，义无反顾地加入到项梁、项羽的队伍中，总算找到了一个可以吃饱饭的地方。

流氓无产者出身的韩信，也许本来就适合流寇式的生活。也许从小苦惯了，在他看来，这种衣食无忧的日子已经很幸福了，所以他很敬业，在军营中不断成长，军事方面的才能渐渐显露了出来。但是项羽并不重用他，他在队伍中不是炊事兵就是守门官，看不到一点前途，所以后来逃到了刘邦那边，认为刘邦的生活经历和自己差不多，能得到他的赏识。

像韩信这种叛逃过来的人是没有机会直接和刘邦对话的，甚至因为他触犯汉军军法，还差点被腰斩。那次问斩的一共十三个人，前面的十二个都人头落地了，轮到韩信了，他没有像前面死去的那些人，哭天抢地喊爹叫娘，而是从容高呼口号，很有革命者英勇就义的范儿。他的与众不同救了他一命，负责行刑的夏侯婴觉得这个人不一般，大义凛然宁死不屈，是个人才，就刀下留人。之后在慧眼识珠的萧何的帮助下，他被推荐给了刘邦。

刘邦并不信任他，这种不信任一直贯穿始终，从韩信点兵的测试，到功成之后卸磨杀驴。韩信不让人信任的关键并不是他的跳槽叛逃经历，而是他目中无人的狂傲。从市井流氓成长起来的韩信，一旦有了真本事就变得桀骜不驯了。在带兵问题上刘邦曾经和韩信有过一次著名对话，刘邦问韩信：你觉得我能带多少兵？韩信的口气中带着轻蔑：最多十万。刘邦问：你呢？韩信自信地答：多多益善。

尽管后面他又解释说刘邦能驾驭将军，不是驾驭士兵的，但是他一脸得意的臭显摆已经让刘邦对他产生了反感。

正因为他不善于揣摩领导心理，才会偶尔自不量力地跟领导提要求讲条件。当刘邦急需他来救驾的时候，他要挟一把，提出封“齐王”的要求。这些账刘邦都替他记着呢，等到秋后算账的时候韩信才知道为什么人家刘邦一辈子总压自己一头，当年出道的时候，都是流氓无赖，人家就当了村干部他就没当上，后来人家当了皇上，他当个大臣最后还被人家灭了族。

尽管在打江山的时候他立下了汗马功劳，是当之无愧的“汉初三杰”之一；尽管他有过妙计灭齐、平定四国等卓越业绩，但刘邦对他永远疑忌，永远心存戒心，想除掉他，又怕落个不仁不义的名声，就那么软禁着，让他不死不活的。

刘邦的老婆吕后看明白了老公的心思，想杀不忍杀是吧？我来下手！依照韩信的性格，大抵是不会哄女人的。他没有夏侯婴冒死救吕后儿女的光荣履历，也没有张良那种甘做吕后蓝颜知己的雅趣，他早就让吕后心里不舒服了。吕后冷冷一笑：杀了他，杀一儆百，杀鸡给猴看！老娘连韩信这样的天下第一功臣都敢杀，看看谁还敢说说道道！

吕后没有禀报刘邦，趁着刘邦外出平叛的空当把韩信杀了，而且是先斩后奏，人杀完了才向刘邦报告。按照司马迁的记载，远在外地的刘邦接到这个报告“且喜且怜之”。

喜的是吕后毕竟是亲老婆，明白老公为什么闹心；怜的是韩信堂堂一个大将军，死在一个老女人手里，空余一世英名。

从奴隶到将军，被一个老女人救起，又被一个老女人杀死，韩信传奇的一生终究和女人分不开。

# 大将军英布：阴沟里翻船

经历过大风大浪，在小河沟里翻船的大有人在，汉朝黑社会出身的大将军英布算一个。

让英布翻船的小河沟是许多男人过不去的一道坎：一顶绿帽子。这顶绿帽子是不是真的戴在了头上，他到死都没搞清楚，只是怀疑自己的手下，就怒发冲冠为红颜，反搭上一条性命和一世英名。



安徽六安人英布其实不是小心眼的人，性格中有男子汉的坚强好胜、勇猛顽强，不过心理上并不强大，容易受到心理暗示的影响。

小时候有人给英布算命，说他受了刑之后就会被封王，这句话影响了他的一生。本来穷孩子英布安分守己，是不会沾上牢狱之灾的，有了这句话垫底，他变得天不怕地不怕了，主动加入到黑社会行列，终于触犯刑律，如愿以偿实现了自己被判刑的夙愿。英布被判处的是黥刑，就是往脸上刻字刺青的那种刑罚，脸上有了犯罪的标志，一辈子都擦洗不掉。

别人受了这个刑，从此再也抬不起头来，英布却把受刑的日子当做重大节日庆贺，向人们奔走相告：为我欢呼祝贺啊，我终于受刑了。大家说：你没病吧？受了刑还这么快乐，是不是神经了？英布说：有人给我算过卦，我受了刑就快当官称王了。



大家都觉得英布的话不可思议，因为按照他当下的处境，离什么当官啊称王啊还有十万八千里的差距。你心理素质好没关系，但是这臆想也太不靠谱了，罪犯和诸侯王之间的距离，是生活在最底层的那些平民百姓根本计算不清的巨大而遥远的数据。英布的话被人们当做一个娱乐话题，茶余饭后当笑话传。

英布自己是当真的，强烈的心理暗示让他兀自为脸上的罪犯标志而快乐自豪,他的成功在于,有了心理暗示的驱使他没有坐等机会，而是努力为自己创造机会。从此开始结交一块服刑的劳改犯里面有头有脸的乡村黑社会老大或者江洋大盗，在监狱私下建立了一个地下组织，带头寻找机会越狱逃跑。秦朝末年监狱管理制度比较混乱，英布策划的越狱计划胜利实施，一大群劳改犯胜利大逃亡。

逃出来后他们靠打家劫舍过了一阵子土匪生活，赶上秦末农民起义的好时光，他们摇身一变，变成了苦大仇深的农民革命军。一群乌合之众在英布带领下开赴番县。这个县的县令吴芮本身就是扶危济困的绿林好汉，有一支自己的队伍，秦朝廷给吴芮封了一个不给俸禄的空头县长，就是想安抚收买他。吃人的嘴短拿人的手短，吴芮没吃没拿秦朝的任何东西，所以在英布的煽动下，枪口立即指向了秦朝。

多年来英布光顾着削尖脑袋往监狱里钻了，一直没把恋爱婚姻提上议事日程，吴芮正好有个待嫁的女儿，就手塞给了英布做老婆。上阵亲兄弟打仗父子兵，英布和老丈人吴芮这对父子兵携手作战，向北，一路向北，再向东，不管是什么队伍，见军队就打，一直打到了长江边上，遇上了人多势众的项梁，发现这个人不能招惹，只能带着队伍入股到他的公司。此后英布成了项梁手下的得力大将，后来项羽成为公司老总，英布又为项羽出生入死，专啃硬骨头，许多艰巨任务都是英布完成的。

鉴于英布的突出表现，项羽给了他一个突出贡献奖，把他封为九江王。这是楚军中唯一的王爷，项羽这种拿着印把子当命根子的小气鬼，交出一个大印给英布，说明他对英布还算高看一眼的。英布的奋斗目标就是封王，算命的没有给他指明更高的方向。按照命里的定数，这个理想已经实现了，他开始满足现状，不思进取，一心一意经营他的小王国，对项羽的话阳奉阴违，项羽派他出兵打仗他也是草草应付。老婆孩子热炕头的小农意识把他的前途几乎断送了，项羽对他意见越来越大，早知道英布就这点出息，绝不会封他做王。现在英布这边不得罪项羽，那边不得罪刘邦，出兵攻打刘邦也只是装样子糊弄项羽，他到底算哪边的？

实话实说，现在的英布不想掺和项羽和刘邦那点破事儿了，他又不想当皇上，王爷已经当上了，他想撂挑子不打仗了，专心致志过小日子。他没想到人家项羽和刘邦都不答应，都派人去和他谈判，刘邦是善于挖墙脚的，他派人使了一个离间计，并下足了诱饵把英布挖到了自己这边。不过英布之所以痛下决心跟定刘邦，是因为项羽得知英布有叛变投敌倾向，彻底在自己好友名单上把他拉黑，把九江大本营的英布一家老小全部杀死了，当年刚干革命时娶的番县县长吴芮的女儿吴小姐和她生的一帮儿女都被斩杀了。消息传到英布这边，他悲愤万分。英布对吴小姐是有感情的，他很在乎自己的女人，一心一意爱她，不想让她受一点委屈，现在自己的女人和孩子已经死在了项羽刀下，他痛下决心，要杀了项羽，为老婆孩子报仇雪恨。

英布成为抗击项羽的一支强大力量，再加上刘邦给了他一个淮南王的王印，九江王哪有淮南王实惠啊。有了这顶王爷的帽子，他重起锅灶，搜罗了一帮美女存放在他的封地里，准备胜利之后慢慢享用。

刘邦胜利了，当皇帝了。英布除去盔甲，回到他的淮南封地，像他这种没有远大革命理想和政治抱负的人，就想好好过他的王爷的幸福生活。没多久，首都传来消息，军界大哥大韩信被刘邦的老婆吕后处理掉了，英布心惊肉跳了一段时间。刚刚安定下来，首都那边又传来消息，他的老战友彭越被刘邦做成了肉酱，让他去赴宴吃彭越的肉酱。英布这个王爷当的提心吊胆，他对刘邦也有了防备之心。

他只能从王宫的美女们身上寻找点安慰，自从原配吴小姐被项羽杀死，英布对女人只是玩弄，总也找不到和吴小姐之间那种深深的爱。后来新引进了一个美女，模样酷似吴小姐，一下子吸引住了英布，那个女子成了他的宠姬，他把全部的爱都集中到这一个女子身上。

只是这宠姬身体不好，娇娇弱弱的总爱生病，经常去看医生。恰巧英布手下的官员贲赫住的地方和医生对门儿，贲赫觉得巴结好了领导喜欢的女人，等于巴结好了领导，她枕边风一吹比直接巴结领导还管事儿。所以不但热情周到地陪着那美女看病，还经常送她一点小礼品，偶尔还陪着她在医生家里喝点小酒儿，加深医患感情。

宠姬是个讲信用的女人，枕边风如期吹到英布耳边。英布立即警惕起来，醋坛子一下子倒了，酸味四窜，追问这到底怎么回事，她是怎么勾搭上贲赫的，是不是和贲赫有了什么不正当男女关系。想来贲赫应当是个很有气质的老帅哥，否则英布怎么会这样不自信。

贲赫无端被扣上一顶乱搞男女关系勾引领导老婆的大帽子，他压力很大，担心英布对自己动手，偷偷跑到长安，决定先告英布刁状。

贲赫星夜逃跑，英布知道事情糟了，到了长安他一定会告自己有谋反之心，还不如趁着这个机会反了呢。丞相萧何本来并不相信贲赫的话，正要派人下来调查呢，英布就反了，根本没给他调查的机会。

刘邦亲自出兵和英布交战，结局是可想而知的，刘邦虽然挨了英布一箭，但并没被射死；英布却步韩信、彭越的后尘，让刘邦消灭得干干净净。

# 死后造反的军界达人周亚夫

周亚夫是西汉最有名的死心眼，偏执、固执、走极端，像头犟驴一条道走到黑，在一些事情上死磕。有时候，死心眼还不如缺心眼，缺心眼的人大家会觉得他有问题，不和他一般见识。死心眼的人，当他坚守自己的所谓真理时，六亲不认，能活活把人气死。一个死心眼的人如果得罪了普通人，大不了人家从此不和你来往了，如果得罪了上级领导，就要花高价为自己的臭脾气埋单了。



周亚夫付出的代价是惨重的，被汉景帝扣上死后想造反的天下第一荒唐罪名。即使这样他还是不改自己的性格，誓将死心眼进行到底，用绝食饿死的方法圆满结束了自己固执己见的一生，没有辜负死心眼的美名。

周亚夫的老爸是西汉开国功臣周勃，和刘邦是沛县老乡，在铲平吕氏集团，拥立汉文帝的重大政治事件中立过大功，汉文帝时代很受重用，官职当到右丞相，还有“绛侯”的世袭爵位。这个爵位曾经被大儿子周胜之继承过，周胜之犯了罪才轮到了周亚夫继承。

从小就有些一根筋儿的周亚夫，不信鬼不信神不信邪不信教，只相信他自己。他做河内郡守的时候曾经参加过一次皇宫举办的重大庆典活动，那次活动上请来了著名的女性算命大师许负做特约嘉宾。许负那年已经是五十岁的老女人了，她给秦始皇看过相，也是汉朝宫廷特聘的命运学顾问，一般人人家根本就不伺候。那一天赶上许大仙心情好，免费给周亚夫算了一卦，说他三年后能当上王侯，封侯八年以后能当上丞相，前面这些都是让人心情愉快的好说辞，最后一条让人心里有些不愉快，她说周亚夫的最终结局是活活饿死，因为周亚夫嘴边有条竖线，纹理入口，这是饿死的面相。

周亚夫当然不信，他心里说这老太太净瞎扯，我哥已经继承了老爸的侯位，哪里轮得上我当王侯？再说如果像她说的那样，我又是继承侯位又是当丞相，又有钱又有权，反而会活活饿死，谁信啊？

不但周亚夫不信，大家都是无神论者，当然不会相信那个老太太指天画地的一通乱说。不过后来发生的一些事让大仙全蒙对了：三年过后，周亚夫的哥哥周胜之犯了罪，周亚夫继承绛侯爵位。又因为平定七国之乱有功，当了五年丞相。后来因为被诬陷死后想到地狱里造反，自己想不开，用自虐的方式在狱中绝食，果然活活饿死了。

汉文帝时代周亚夫还是很吃香的，这主要还是他老爸周勃当年积攒下的人缘儿。为了把汉文帝扶上皇帝宝座，周勃立下过汗马功劳，汉文帝是知恩图报的人，对周勃的儿子当然要网开一面。

本来就比较倨傲固执的周亚夫让皇上惯坏了。

汉文帝别出心裁通过筑营演习的方式选帅，有人说河内郡守周亚夫在细柳营故意设了一个局，利用作秀的方式博得了汉文帝的眼球。按照周亚夫性格的一贯性，那一次他应当不是在作秀，而是常态化军事管理方式。

细柳军营，很诗意化的名字，因为森严壁垒的驻军严守，阵势却一点都不诗情画意。汉文帝来了，守门的官兵铁面无私，说没有首长的命令谁都别想进去。汉文帝的秘书说：这是皇帝。守门的说：俺们只听首长的，不听皇帝的。

守门的不一根筋儿不行，因为他们的首长周亚夫也是一根筋儿，他大概下了死命令，我的地盘我做主，没有我的命令谁也不能放行。军事重地，出了问题怎么办？谁违抗命令我就拿谁是问！

汉文帝只好在军营门口等着，终于等来了周亚夫。他身穿铠甲，见了皇帝也没有解甲行跪拜大礼，只行了一个军礼。人们都悄悄替他捏一把汗,这哥们儿一定惨了,对皇帝玩这一套,活得不耐烦了吧?谁都没有想到汉文帝当场对他进行了口头表扬，一个月后提拔他当了京城警备司令。文帝临死之前，把周亚夫隆重推荐给景帝，说这个人可以委以重任。所以汉景帝上任后对周亚夫依然很重视，让他带兵平定七国之乱，后来还让他当了丞相。

尝到了死心眼的甜头，周亚夫变得越来越死心眼，越来越固执，他不知道汉景帝和他老爸可不是一种做事风格，他比老爸更会搞政治，表面上他似乎继承了汉文帝的宽厚仁慈，其实只是表面上，骨子里阴险毒辣着呢。

周亚夫从来不会看人眼色行事，汉景帝已经下定决心要废掉太子刘荣了，别人都看懂了这里面的猫腻，周亚夫却死拧着就是反对，坚决反对废掉刘荣，坚决反对立后来的汉武帝刘彻。当然反对无效，刘彻如愿成为太子。汉景帝本来是想把刘彻托付给他教育，一看他这榆木疙瘩脑袋就改主意了,周亚夫这一折腾,得罪的不仅仅是皇帝,还有刘彻的一系列亲友团。也幸亏景帝在这个问题上没听周亚夫的,否则这么优秀的一个帝王不就被埋没了吗。

自己给自己掘坑，自己再往坑里跳，周亚夫的死心眼办了不少对自己不利的事。有时候他以为自己在坚守原则，严格按照程序和规定办事，不惜和太后以及皇上作对。人家皇上和太后娘俩商量好了要为皇后的哥哥封侯，周亚夫以刘邦那个时代定下的规章制度为政策依据，说这样做不符合国家政策，不符合干部管理条例。这一次把皇上、太后、皇后一系列实权派全得罪了。他偏偏一点都意识不到自己已经招得领导不待见了；在匈奴投降将领封侯问题上又和皇上唱反调，这一次皇上没买他的账，并对他有了很深的成见。

你可以说周亚夫刚正耿直，可以说他是个秉公办事的好官员，但不能说他是合格的政治家。

汉景帝最后一次请周亚夫吃饭时对他彻底失望了。这次宴请周亚夫的席上只有一块完整的大肉，除了肉什么筷子叉子刀子之类的餐具都没有，明摆着人家没打算让你吃，周亚夫却看不明白，又要筷子又要切肉，引来汉景帝一顿冷嘲热讽。一贯缺乏政治敏锐性的周亚夫这次顿悟了，皇上生气了，我还是躲躲吧。他躲的方式是装病，汉景帝趁着他装病免掉了他的丞相职务。

如果周亚夫以这样的方式退休回家养老，也算是皆大欢喜。但是汉景帝不会让这个总和他较劲的人活着继续给儿子添乱，他怕将来自己不在了，没人能控制得了他，决定要想办法把他尽快处置掉。但是一直找不到理由和借口。这时候周亚夫家有一件事正好撞在枪口上。他儿子很有孝心，考虑到老爸年事已高，提前买了五百件皇家殉葬用的铠甲、盾牌做陪葬品，找了几个农民工搬运，因为拖欠农民工工资被告发了，这正好给了汉景帝收拾周亚夫的大好时机。

汉景帝给周亚夫定的罪名是，买了这么多兵器做殉葬品，即使不在地上造反，也要到地下造反。这老家伙有造反的动机，先把他抓进大狱关起来再说。

都到这时候了，周亚夫还死心眼认死理儿呢，他觉得自己冤枉，就开始自残，开始不吃不喝绝食，只用了五天时间就活活饿死了，实现了当年算命的女大师给他定下的最终饿死的命运目标。

# 李广老矣

一个人偶尔走一次背运并不难，难的是一辈子总走背字；一个将军偶尔打一次败仗并不难，难的是在战斗中总打败仗。汉朝大将军李广晚年带兵到大漠和匈奴作战，基本上以打败仗著称，最后因为漠北之战在草原上迷了路，没有在规定时间赶到规定地点参加战斗，一个想不开选择了自杀。



李广自绝于人民的自杀行为让大家觉得他死得很可怜、很可惜，都为他掬泪唏嘘。他属于朝廷树立起来的典型，一个经常受朝廷表彰的老英雄忽然因为迷路抹脖子了，人们认为他对国家忠诚，对朝廷忠心，把人民的利益放在心上，他的自杀是负责任的表现。

后来有人把李广迷路事件当作一宗谜案，认为这里面有许多解释不清的谜。出生在边关，一生在大漠地区驻守、转战的李广怎么会轻易迷路呢？这里面会不会有什么局外人不知道的事情？

今天的许多人知道李广这个人都是通过李广射虎的故事。这个故事小学课本里就有，大意是说李广外出打猎把草丛里一块石头当成老虎了，一箭射出去整个箭头都钻进了石头，等知道是石头了再射，箭头怎么都射不进去了。一个连石头都能射穿的将军来把守边疆，匈奴听见这个人就害怕，唯恐碰上他的箭。危急时刻能超常发挥的大将，关键时候怎么会变成路盲迷路了呢？



连和李广同时代的司马迁都没搞清楚这里面究竟是不是有什么问题，时隔二千多年，我们更不可能搞清楚里面有什么猫腻。所以一切的猜测都是毫无根据的无稽之谈，还是尊重司马迁的记录吧。

李广不是运气特别好的人，但有着显赫的出身。和那些草根以及私生子出身的晚辈将军卫青、霍去病相比，他们家从秦朝时候起祖祖辈辈都是职业军人，谁当上皇帝就保卫谁。李广从汉文帝时代就是边防军，汉景帝时代平定过吴楚七国之乱，凭着自己的努力当上了上谷、云中、北地、代郡等边关许多地方的郡太守。汉文帝、汉景帝时代的李广还是一个比较有运气的将军，多年来在边疆和匈奴敲敲打打的，匈奴经常入侵也没从李广手里撬过去一星半点疆土。

爷爷以及爷爷的爷爷，世世代代都是封疆大吏。李广的军事才能属于吃老本的那种，年轻的时候靠英勇顽强，岁数大了靠经验，英勇和经验是一个军人必备的，事实上作为一个大将军，仅仅有这些还远远不够。

仔细翻阅李广的履历，真正的有赫赫战功的例证并不多。

其中有一个他亲自率领百名骑兵追赶三名匈奴射雕手的战例写进传记里，看不出是在表扬他还是在寒碜他。一百比三，三十多人打一个，一人一脚也能把那三个匈奴人踹死，这算什么辉煌战绩？

还有一个战例，公元前一二九年的那次交战，他受伤成为匈奴的战俘，李广躺在网袋里一边装死，一边寻找逃跑机会，后来终于逃出来。即使逃跑的时候表现得再英勇不屈，因为骑射技术高超被称为“汉之飞将军”，但毕竟是在逃跑，而且这一战他的军队死伤非常严重，军事法庭本来要判他死刑的，因为家里有点家底，用钱赎罪买了条性命。

匈奴人害怕李广，其实不是因为李广军事才能有多厉害，而是因为李广的名气很厉害。舆论宣传的作用下，大家都知道汉朝边疆有一个世代做军官的“飞将军”李广，传说他武艺高强，传说他用兵如神，传说他百步穿杨。有些传说比真的还有震慑力，一听说李广的军队来了，匈奴人从心理上就先惧怕三分。年轻时候的李广，很大程度上凭的是气势，他用气势稳稳地驻扎边关。

出生在军人世家的李广从小练武，射箭的技术确实高超。不过统领军队光靠个人单项军事技术过硬不行。新一代的匈奴将领慢慢悟出来了，李广不过是个传说，他未必真的那么可怕，他们不信邪，要和李广比试比试。

进入汉武帝统治时代后，李广几乎没有打过胜仗。综合分析李广后来不断打败仗的原因，问题还是出在他自己身上。

纪律不严明、管理松懈是他统领军队的一个硬伤。他只注重官兵打成一片的和谐军队文化生活，不知道从严治军，从上到下一盘散沙，晚上没有打更巡逻的，站岗放哨的也不能坚守岗位。在这个问题上李广的老战友程不识曾经给他提过批评意见，李广不以为然，你有你的带兵方法，我有我的治兵之道，还用你来教我？



作为一员统率千军万马的大将军，喜欢逞匹夫之勇是他的一个致命伤。在他亲自率领百名骑兵追赶三名匈奴射雕手的那次战斗中，那个夜晚他没有惊醒睡着的大军，带人贸然追击一名骑白马的匈奴将领，那个时候他大概忘记了他是主将，身为主将哪能这样草率做事？

还有就是有时候他小心眼儿，过于偏激，不懂得“治人一服不治人一死”的道理。当年他因为指挥失误被一捋到底在家赋闲的时候，晚上喝酒回来路过霸陵亭，按照规定夜晚那个地方不许通过，霸陵尉严格遵守制度没给他面子。后来李广东山再起做了霸陵尉的顶头上司，他送那哥们一双小鞋穿就罢了，还滥用职权直接把人家斩了。李广的性格中这种两面性表现得非常突出，一边他爱民如子，一边又经常滥杀无辜。他当陇西太守的时候，羌族人造反，李广和风细雨劝说他们，答应他们提出的要求，劝他们投降，因为李大将军的名气在那儿呢，八百多人一起来受降，当天他就把这些手无寸铁自动上门投降的人全部杀掉了。降者不杀是古今中外战场上的潜规则，李广居然公然冒犯这个潜规则，未来的日子里，谁还会相信你李广的诺言？

倚老卖老不服从命令，是李广后期经常出现的问题。皇亲国戚卫青当上了领军的大将军，打仗的时候李广要听从卫青指挥。但是李广打心眼里没有把卫青当回事，他觉得卫青一个私生子出身的平民，还不是凭着裙带关系才捞了个高官，他会打仗吗？ 就在李广一生中参与的最后一场战役中，卫青不让李广与单于正面对阵，李广坚决拒绝调动，带着一肚子气没有向卫青告辞就回了营地，带领军队从东路出发参与作战，因为没有向导迷了路，耽误了作战时机。

其实这一次，李广完全可以不死，可以像过去打完败仗那样破财免灾，花点钱赎命。没有人逼着他死，他主要是无法面对自己的这种低级错误，在大漠边混了一辈子，最后却迷路了，丢人哪！名震天下的大英雄李广已经老糊涂了，这样的老糊涂活在世上还有什么用？他以自杀为一生的戎马生涯画上了一个不甚完美的句号。他是一个失败的英雄，这种悲壮的结局是许多失败英雄难逃的一个殇。

# 卫青的崛起之路

从奴隶到将军，从私生子到皇帝的小舅子，从放羊娃到驸马，卫青身上有太多的传奇。

他的每一段传奇都离不开女人：与人私通的婚外恋妈妈，一不留神傍上皇帝的同母异父姐姐，最终成为他老婆的三手寡妇平阳公主。



卫青虽然姓卫，但是和三姐卫子夫不是一个卫。卫子夫的老爸姓卫，人家本来就应当姓卫，卫青却是不愿随亲爸的姓，自己替自己选了这个姓，按照司马迁的说法叫“冒姓”，也就是说他属于假冒伪劣，如果人家老卫家打假维护自身权益，他这个冒牌货是会被清理出去的。

如果说卫青的出生是个错误，犯错的也不是卫青，而是他的老妈卫媪。卫老妈也不姓卫，她是随着老公的姓，按照古代的称呼方式应当叫卫某某氏，在外面会被人们简称卫大妈、卫阿姨之类的。卫阿姨属于不在家里吃闲饭的女人，也许因为丈夫体弱多病支撑不了一家人的生活，她靠在平阳公主的丈夫家曹府打工养活一帮儿女，那时候她已经有了一男三女：儿子卫长君，大女儿卫君孺、二女儿卫少儿、三女儿卫子夫。那时候平阳公主还在皇宫里做他的小小公主，还没嫁到曹府。



卫阿姨的丈夫死后，曹府这个工作成了他们家赖以生存的经济支柱，她当然还要继续工作。卫阿姨的工作大概不太累，因为她还有空闲和精力，一边工作一边和一个名叫郑季的工作人员搞婚外情。郑季是国家公务员，而且是有老婆的，所以他只是把卫阿姨作为情人，并不和她结婚。卫阿姨和郑季的婚外情败露是因为她后来怀孕了，寡妇出轨怀孕如果赶上后来严格受礼教约束的朝代，说不定早就被沉塘了，但是汉代相对宽松，闹出了绯闻并生出私生子的卫阿姨非但没有被辞退，连她的子女也被接纳到这里来工作。

但是卫青的出生却促使卫阿姨和情夫的关系恶化了，因为这个情夫不负责任，他不能也不想给拖儿带女的情妇兑现任何承诺，卫阿姨因此搞得很伤感。她已经为这场爱付出了很多，最起码得让这个不负责任的男人付出点什么，于是就把年幼的小拖油瓶卫青交给了郑季，告诉他，这是你的儿子，你自己带回家去养吧。

郑季非常不情愿地把卫青带回家，战战兢兢地把他推到老婆跟前。郑季老婆把自己的一腔怨恨都发泄到卫青身上，让这个年幼的孩子去放羊，狠命虐待他，经常不给他饭吃。卫青在被奴役和欺凌中长成少年，后来终于忍无可忍，偷偷离开了那个家，逃到曹府妈妈身边。

卫阿姨自己也觉得很愧对这个小儿子，就向曹府申请把卫青留在这里做点力所能及的工作，从此卫青改姓卫，开始做了平阳公主的骑奴。

平阳公主很喜欢这个英俊小少年，这个小跟班肯吃苦，有眼力见儿，而且聪明，他很快就懂得了贵族阶层的礼节，甚至还自学了一点文化，跟随着贵妇人平阳公主，他更像是平阳公主的贴身秘书，办事妥帖周到。

偶尔来这里视察的汉武帝对在曹府工作的卫子夫一见钟情，直接带回皇宫，从来没出过远门儿的卫青跟着姐姐第一次走出山西临汾，到长安见世面，从此他摆脱低贱的奴隶身份，开始成为京官。官职从侍中、建章监到太中大夫，一个奴隶出身的穷小子做到四品官，已经算是烧高香了。

卫青的命运随着姐姐的命运变化而变化。做官十来年之后，他不但成长为一个英俊成熟的男人，也成长为一个老练的官员。此时已经为汉武帝生下三个公主的卫子夫又怀孕了，她成为汉武帝最宠爱的红人。皇亲国戚卫青被提升为车骑将军，第一次受命出征取得了龙城大捷。汉朝立国以来和匈奴交战基本上没有打过胜仗，卫青以初生牛犊不怕虎的精神破天荒打了一次大胜仗，他是个福将，这次胜利让汉武帝看到了战胜匈奴的曙光。

随着太子刘据的出生，卫子夫当上了皇后，卫青的受重视程度也越来越高。再加上他七征匈奴，每每都能凯旋，他的职务也在进一步提升，最后提升到了大司马大将军。

因为从小经历过苦难，卫青做事踏实，不张扬，不拉帮结伙搞小集团，他的作战计划周密细致，后来身边又增添了一个得力助手——二姐家的儿子霍去病，舅舅和外甥联手作战，保卫的是姐夫和姨夫家的天下，都是自家的亲友团，哪有不卖命干的道理？

其实，后来卫子夫已经不受汉武帝宠爱了。汉武帝不宠爱卫子夫之后，卫青的地位没有受到一点影响，一个是因为他出生入死为保卫祖国做出的突出贡献，另一个原因是那时候他已经有了另一个女人的庇护，这个女人就是平阳公主。

平阳公主早在卫青离开曹府几年后就变成了寡妇，守寡是件痛苦的事，她真真假假守了一阵子，就改嫁给汝阴侯夏侯颇，他是开国大臣夏侯婴的曾孙子。夏侯颇和平阳公主感情不和，因为他早就有了心上人，他的心上人是老爸的小妾。平阳公主一忍再忍，本着家丑不可外扬的原则捂着盖着，还是被别人揭发了，夏侯颇觉得自己很丢人，畏罪自杀了，平阳公主二次沦为寡妇。

死了两任丈夫之后，平阳公主依然不甘心过寡妇生活，继续寻找新的目标，皇家业余婚介公司的业余红娘们立即行动起来，替皇上的姐姐物色老公。

有人就把目光投向了卫青。

卫青不错啊，他刚刚打完胜仗回来，又被皇上提拔了一步。他是皇后的弟弟，皇上的姐姐配皇后的弟弟，绝配。

人们都把卫青比平阳公主小十几岁，以及卫青还有大老婆小老婆儿子之类的条件忽略不计了。面对这个比自己大了许多的老女人的爱意，不知道卫青是怎么想的，少年时代他曾经是公主的小跟班，一个未成年的小屁孩儿大约还不懂得对一个贵族少妇有非分之想。他之所以答应了和平阳公主的婚事，因为她是公主，她的面子不能驳，也因为她曾经是自己的女主人，对自己是有恩情的，还因为他对这个女人也有丝丝缕缕的好感，他可怜她。家里那几个先到的女人不知道他是怎样安置的，不管她们过去多么受宠，现在都要给公主腾地方了，在卫青名下的女人，只有一个公主是正妻。

成为驸马的卫青又多了一层庇护，这份姐弟恋没有多少浪漫成分，显得平常安静。已经做过两次寡妇的平阳公主可能已经厌倦了喧嚣，想陪着小丈夫过这种日子。结婚之后卫青外出打仗的次数明显减少了，他是大将军，是多次立过战功的功臣，是驸马，是皇上的小舅子，还是皇上的姐夫，他不必亲临一线了。还有一点，童年时代悲惨的生活把他的身体彻底摧残了，刚刚四十出头的卫青身体已经很糟糕了。

平阳公主果然命硬，卫青作为她的第三任丈夫，最终也步了他两个前任的后尘。第三次回归到寡妇身份的平阳公主或许很爱卫青，她坚守在了卫青女人的位置上直到死后与他合葬。

# 传奇将军霍去病

霍去病应当是一个青春、帅气、阳刚、勇敢又有些我行我素，充满个性和反叛精神的铁血男儿形象。

他的生命很短暂，只活了二十三岁，在短暂的生命历程中，他把人生应当经历的苦难都经历了，该创造的辉煌都创造了，该得到的荣誉也都得到了。



他和舅舅卫青有相同的尴尬身份：私生子。这个身份使卫青的性格谦虚谨慎，一生自卑，即使做到了大将军也不敢有丝毫张扬；这个身份让霍去病性格逆反，对妈妈卫少儿很冷漠，对女人很无情，到死也没有和哪个女人正式结婚。

汉朝虽然对私生子很宽容，但是私生子毕竟不同于正常婚生子女。

搞婚外情这件事不知道是不是也有遗传基因，卫青的妈妈因为婚外情生下了卫青，若干年后，卫青的二姐卫少儿也到曹府上班，她不幸也爱上了一个平阳县衙的工作人员，这个名叫霍仲孺的家里大约也是有老婆的，卫少儿和他私通怀孕后生下了霍去病。霍仲孺还不如卫青的亲爸郑季厚道，他对这个私生子翻脸不认账了：这是谁的孩子啊？和我有什么关系？凭什么说是我的，谁能证明？你愿意让他姓霍就姓吧，天下姓霍的多了去了。



那时候没有 DNA 鉴定，少女妈妈卫少儿抱着可怜兮兮的小儿子，泪流满面无处诉说。好在卫少儿的妈妈有过相同的人生阅历，因为和女儿同病相怜，所以不嫌弃这个问题少女和私生子外孙。姓霍的不要这个孩子，咱们自己养着，他舅舅卫青就是孩子的榜样，现在给平阳公主做小跟班儿，不是也挺好吗？

卫家人担负起养育霍去病的义务，他们给孩子设定的最高理想就是长大后像他的舅舅那样，做平阳公主的骑奴。

好运的降临几乎是瞬间的事，那一天汉武帝突然就看上霍去病的三姨卫子夫了，舅舅跟着一起进了京，霍去病不过是个牙牙学语的小毛孩，如果他稍大一些，说不定也跟着一起去了。

卫青在京城发展得很不错，虽然有几次差点被宫廷的政治斗争卷进去，但有惊无险，后来走入军界。霍去病长到十六七岁也进京去找皇后姨妈，他的阳光率真可爱，让姨夫汉武帝看到了与皇宫里公子哥不一样的少年的俊朗和英气，他很赏识这个孩子，把他留在宫里做保卫皇帝安全的侍中官。

舅舅卫青攻打匈奴几次立功，霍去病还是个耽于幻想的大男孩，他想象着边关征战的刺激和过瘾，打了胜仗还能建功立业，就在公元前一二三年春天又一次出征前向汉武帝写了请战报告。

霍去病的报告很简短，但是每句话都很给力，汉武帝也想锻炼一下他，任命他为骠姚校尉，从卫青的军队中挑了八百骑兵归他指挥。凭着这八百骁骑他斩杀匈奴二千多人，把单于家的许多皇亲国戚杀的杀擒的擒，以初生牛犊不怕虎，无知者无畏的精神，取得绝对胜利。

汉武帝这才发现，这个小伙子是个军事方面的天才啊！两年后的又一个春天，再次攻打匈奴的时候霍去病成为率领精骑一万人的骠骑将军，依然是获得全胜。当年夏季又乘胜追击，从而打通了进入西域的道路。霍去病是匈奴人的天敌，自从他开始挂帅，匈奴军队就开始没有好日子过了，直到漠北之战，他和舅舅卫青联手，把匈奴军队打得节节后退，缩到更加遥远的西北部，边关地区出现了西汉建国一来从没有过的繁荣昌盛景象。

二十一岁的霍去病成为最年轻的大司马，这个年轻人还不会当官，不会享受荣华富贵。汉武帝奖励给他一套高级别墅，这座豪宅坐落在京城最繁华地带，庆功会上就把房钥匙交给了他，让他去看看还有没有不满意的地方，小霍却一口回绝了，他的一句铿锵有力的豪言壮语响彻千年：匈奴未灭，何以家为！这个口号让他成了汉朝十大杰出青年，他也被汉武帝列为先进典型，并号召全军上下向霍去病学习，学习他舍小家顾大家的精神。

在霍去病身上，确实有许多闪光点。但是人无完人，越是这种天才，越存在一些致命缺点。

缺点之一，不爱学习，靠小聪明取胜。他从来不学习《孙子兵法》之类的兵书，从来不研读古人的先进用兵之道。为这事汉武帝批评过他，他的理由是战场上都是凭着直觉指挥战斗，用兵要随机应变，干吗要死抠兵法，能打胜仗才是硬道理。虽然说四次对匈奴的作战都取得了胜利，但是就他这种学习态度，谁也不敢保证下一次会不会赢。

缺点之二，不知道体恤部下。不爱护士兵的将军不是一个好将军。他外出打仗的时候，待遇很高，吃喝很讲究的，汉武帝把自己特供的高级食品送给他享受，他打到哪，运送食品的车就跟到哪儿，几十车的酒肉跟着他转战疆场，仗打完了人班师回朝了，车上酒肉还没吃完。可是跟随他的官兵，一直饿着肚子，谁都没尝过这些酒肉的味道。在士兵们因为忍饥挨饿一蹶不振的时候，霍去病还有雅兴在塞外修建高档娱乐活动室，搞蹋球等娱乐项目，使得士兵们怨声载道。

缺点之三，爱冲动，好意气用事。漠北大战，老将军李广因为迷路羞愧难当自杀了，李广的儿子李敢因为老爸的死，迁恨到率兵将领卫青身上，打伤了卫青。一向做事低调隐忍的卫青把这件事隐瞒下来，或许霍去病当初并不知道这件事，后来听说了就不计后果地为舅舅报仇，在甘泉宫陪汉武帝狩猎的时候，一箭就把李敢射死了。

尽管汉武帝对外隐瞒真相，统一口径，说李敢死在鹿角之下，但是全国人民都不相信。真相还是被小道消息传得沸沸扬扬，霍去病的人气指数直线下降。

缺点之四，对女人极端的不负责任。因为私生子的身份，霍去病看不起妈妈，进而看不起天下所有的女人，所以一直没有正式娶老婆。没有在家里坐镇的老婆，并不等于缺少女人，不过对女人他只是玩弄，并不对她们负责任。他有过一个儿子，名叫霍嬗，人们始终不知道霍嬗的妈妈是谁，这个孩子一出生就被霍去病抱到卫青家里寄养，他很少关注这个孩子。霍去病死的时候，霍嬗才四岁，汉武帝认真呵护霍家的这根独苗，封泰山活动中只带了这个孩子参加最机密的仪式，奇怪的是，霍嬗回家后就死了，比他爹霍去病死的还奇怪。

霍去病的死，一直是史学界解不开的一个谜。二十三岁的青年人突然就死了，司马迁老先生对他的死因有些吞吞吐吐不甚明朗，只说是病死的。一个病死为传奇少年将军短暂的一生画上了不圆满的句号。

# 李陵：史上最悲壮的叛徒

叛徒历来是人们最痛恨的，当了叛徒，还遭到世世代代同情悲怜的大概只有一个李陵。

一个沦落到被人们同情悲悯地步的人，即使曾经是一条猛虎，一头雄狮，也完全失却了曾经的光彩，灰蒙蒙的结局把过去的辉煌严严实实掩盖住。李陵是史上最悲壮的叛徒，也是最幸运的叛徒。倘若没有他的好友司马迁的客观记载，半生生活在匈奴的李陵，铁定会被史学家轻描淡写地以叛徒一词盖棺定论，后世的人们也会永远唾弃他。

他要感谢司马迁，还原了一个真实的李陵形象。

在当叛徒的前一分钟，李陵的内心深处从来没有把自己和叛徒这个概念联系到一起过。

他是西汉名将李广的孙子，作为长孙，爷爷是他一生的榜样。李广因为带兵在沙漠迷路，不能原谅自己的失误，就拔刀自杀了。李广的孙子，怎么可以随随便便投敌卖国呢？

李陵做叛徒，有他的难言之隐。

毫无疑问，他是一个好将军，而且他必须是一个好将军，因为振兴老李家的千斤重担就落在了他一个人身上。爷爷李广自杀了，老爸李当户在他出生前就去世了，他是遗腹子，叔叔李敢被霍去病杀害了，没有留下后代，也就是说李陵是李广唯一的后代。他不敢有一丝松懈，刻苦努力，从中央军机处的小军官成长为边关将领。

和李广一样，李陵的军事技术是一流的，也是擅长射箭，也是十分爱护手下的士兵。

在出事前，李陵的官职是骑都尉，手下有五千士兵，他注重军队的技术练兵活动，他带的兵个个都是精兵。他是一个热衷于拼杀沙场的人，为了大汉帝国杀敌卫国，抛头颅洒热血在所不惜。

那个深秋，李陵如果没有和在军事才能上非常平庸的李广利搅和在一起，就不会有那次永远无法挽回的失败。

李广利是汉武帝宠姬李夫人和宠臣李延年的长兄，可以想象得出这个人在汉武帝那里炙手可热的程度。这个人其实不适合搞军事，至少不适合带兵打仗。汉武帝再明事理，架不住自己宠爱的女人和宠爱的男人的枕边风。李广利大约见弟弟妹妹们都成了皇帝身边的红人，自己也想风光一把，他被提升为贰师将军，多次参与边关保卫战，基本上没有胜利过，最后投降匈奴，主动做了铁杆叛徒，死在匈奴。



汉武帝在用李广利当总指挥问题上，存在用人唯亲的问题，他应当清楚李广利几斤几两，但因为是他的亲戚，就儿戏般派李广利带着三万骑兵出征匈奴。本来汉武帝给李陵的任务是监护辎重，李陵不甘心听从李广利指手画脚地瞎指挥，自告奋勇带着他的部队独立作战，单独上阵牵制匈奴，辅助李广利大部队正面作战。

这次大规模战争已经出现了武器装备不足的局面，首先军马就严重不足，李陵的部队没有战马，只能徒步出征，这本身就为后来的战败埋下了隐患。因为这有些自不量力，对手是马上的游牧民族，即使是骑兵，孤军深入作战都有很大的危险系数，何况是步兵。不知道汉武帝怎么想的，他难道把李陵这支部队豁出去了？还有，作为将领的李陵是怎么想的，也许他年轻，立功心切，有着初生牛犊不怕虎的勇敢和无畏。

这场危险系数极高的冒险军事行动如期开始了。

李陵和他的五千名步兵深入到沙漠向北进发，不是走走停停，而是一直往沙漠中心走。一直走了一个月，一只孤军深入到那么遥远的地方，其实就是自取灭亡。一个月的时间，想来已经快走到人家的家门口了，遭遇上匈奴的三万大军。

两军遇上了当然要打，开始李陵这边的形势还比较乐观。但是在匈奴家门口作战，匈奴援兵来得方便，很快人家又上来八万骑兵。十一万军队对付五千人，幼儿园的小班的孩子都能算明白这是什么阵势。李陵的军队让匈奴包了饺子，他撕开一个口子带着部分士兵突围出去，边打边退。即使在这种处境艰难的情况下，李陵仍拼死奋力作战并且歼灭了三四千匈奴军队。

眼看就要到西汉的国境了，却没有一个援军在那里接应。李广利的部队在哪里？此时他应该做一下援助啊。匈奴军队发起最后攻击，而李陵这边，战士们手中的箭都已经用光了，没有了任何可以抵挡的武器，只有等死。

那个夜晚，李陵望着近在咫尺的边境，仰天长叹：如果再给我们每人十支箭，就能支持到边界。

箭用光了，战鼓破了，人战死了，李陵被俘了。

李陵被俘，没有像他爷爷那样自杀！

汉武帝火了，你出征的时候不是立下了军令状吗：不成功便成仁，吾不死非壮士也。你怎么不死啊，怎么不成仁啊？李广的孙子居然投降当叛徒了，简直是对我大汉帝国的侮辱，

朝廷上下都顺着汉武帝说话，对李陵骂声一片。司马迁为李陵说了几句公道话，立即触动了汉武帝的怒火，不但把他投进大狱，还施行了最残酷最不人道的宫刑。

之后又从匈奴传来一个虚假消息，说李陵帮着匈奴训练军队呢。汉武帝忍无可忍了，一道圣旨杀死了李陵全家老少。其实帮匈奴训练军队的人名叫李绪，后来李陵知道因为这个叫李绪的叛徒自己家破人亡，想方设法刺杀了李绪。想想自己已经无家可回，将错就错接受了单于的女儿做妻子，成为匈奴单于的姑爷。

此时的李凌算是正式成为叛徒，但他这个叛徒没有为匈奴人做

过什么侵害大汉帝国的事。在匈奴生活了二十多年，只是为了活着而活着，他嘴上已经背叛了自己的信仰，内心深处是无比痛苦的，后来的日子里，他生活在孤独寂寞中，没人能懂他。

人们总想读懂李陵束手就擒，走进匈奴人的毡房端起他们递上的第一杯奶茶时候复杂的内心世界。依照他的性格，人们都认为他会殉国，他却苟且活了下来，是贪生怕死，还是有他自己的打算？司马迁和李陵是好朋友，凭着他对李陵的了解他判断，李陵所以不死，是想在适当的时机报效汉朝。后来李陵和沦为匈奴羊倌的战俘苏武通过几次信，信里面也是这个说法，他不想壮志未酬身先死，那样死去不值得，爷爷的死已经让他学会了反思，他要寻找机会，用行动报效朝廷。

李陵盼望着汉军能把自己救回去，他还接着当将领抗击匈奴，等来的却是全家被杀的消息。他心凉了，对汉武帝彻底失望了，才无奈地选择了叛徒这个尴尬身份。因为此时他即使再自杀也晚了，毫无意义了，现在全国人民已经认为他是叛徒了，作为叛徒的李凌如果选择自杀，那就是自绝于祖国，自绝于人民，人们会认为你没脸活着了，狗叛徒就是这样的悲惨下场。所以李陵只能生不如死地忍受着屈辱，从他答应娶匈奴公主做老婆的那一刻起，他的心就已经死了。

生也不是，死也不是，背着叛徒的骂名，从来没有把心交给过匈奴人。行尸走肉一般生活在异域，他甚至有些羡慕在茫茫荒野中牧羊的苏武，他至少还有机会，李陵已经什么机会都没有了。可怜几代忠君，落得满门抄斩的悲惨结果，李陵为谁去死呢？为大汉帝国吗？为汉武帝吗？没有谁会领他的情，爱国的门已经被牢牢堵死了，他只能仰望苍天，有泪往肚里咽。他已经注定是悲剧人物，忍受着奇耻大辱活下去，他真真正正体味到了生不如死的感觉，对他来说，活着其实比死更痛苦。

汉昭帝时代，曾派人去匈奴接李陵，李陵拒绝了。他说，我不想再受辱了，我已经伤不起了。

# 张骞：丝绸之路上的开拓者

他是军人，但并不是一个好军事家；他对国家满怀深情，但并不是一个儿女情长的好丈夫好父亲；他执着坚韧两次冒着生命危险出使西域，但偶尔也会圆滑变通用钱赎命。

他就是集探险家、旅行家、外交家和军事家诸多身份于一身的张骞。



他是一个立体的人，比同时代的卫青要开朗一些，比李广要圆滑一些，比霍去病要稳重一些。如果有像卫青那样明哲保身的深沉，就无法开辟外交战场；如果像李广那样因为迷路就自杀，那这次迷路事件中的罪魁祸首张骞早就身首异处了，还谈什么出使西域；如果像霍去病那样管不住自己的情绪意气用事，他可能连大汉帝国的家门口都迈不出去。

张骞不是一般人，一般人是完不成出使西域，开拓丝绸之路这样的重大历史使命的。

机遇很重要，任何时候都如此。

少年天子汉武帝上任了，这个具有开拓精神的年轻的皇帝不想躺在老子创造的繁荣昌盛中混日子，他听说西域有个大月氏国，世世代代与匈奴为敌，想联合这个国家共同对付匈奴。



皇帝的大政方针已定，问题是大月氏国在哪里？谁都没去过。下一步的重点是向全国招募使团的领队，这个人必须是全面人才，体能、智商、耐力、交际能力、冒险精神等，必须齐备。

文件下发到全国各地，报名的人并不多。没有几个人敢冒这个险，只怕西域还没到，说不定命就没了，再高的待遇有什么用。张骞积极踊跃地报名之前，也是经过了深思熟虑的。

他从皇帝直属的军队中的郎官做起，兢兢业业恪尽职守，盼着一步步往上熬，但是像他这种没有背景的部队基层小干部，许多人熬了一辈子也没有什么大名堂。皇帝招募出使西域的文件下发到他们单位，大家都没什么兴趣。骑着马去茫茫无边的荒漠，风餐露宿没吃没喝的。不是说自愿报名吗，反正也没有强制性要求，让有能力的人去担当这个重任吧。

张骞思前想后，毅然报名了。他想把握住这个机会搏一把。与其一辈子过这种一眼看到头的日子，不如用青春赌一把，如果成功了，他就不是机关小公务员张骞了。那年他二十五六岁了，按理说应当娶妻生子了，但是出使西域前关于他老婆孩子的记载一个字都没有，在西汉混到这个岁数不结婚没道理，也许有过老婆。

对于报名的人选，汉武帝通过认真考察严格审核，研究决定让张骞带队出使西域。

公元前一三九年某一日，张骞从长安整装待发。出征前，他和手下的一百多人接受汉武帝检阅，汉武帝郑重地问候大家：各位爱卿好，各位爱卿辛苦了，大家一定要发扬英雄主义精神，攻坚克难到达西域，振我大汉雄威。

张骞代表队员们表决心，表示不辜负领导厚望，不达西域誓不罢休。

他们西出陇西，忍受着风沙和颠簸之苦，一步步深入到西域。好在出发时汉武帝给他们配备了一个向导兼翻译——一个归顺的“胡人”——堂邑县的甘父，这个人虽然有一些经验，但是在没有地图、指南针，没有 GPS 定位系统指导，没有卫星电话，没有越野吉普的条件下，这些人两眼一抹黑就一脚踏进莽莽戈壁，向着那个遥远的未知目标前进。走了很久，依然一片茫然。那个地方还有多远啊？

向导甘父也说不清，没有退路，只有前进。

匈奴是西行的必经之路，他们没有逃过匈奴的岗哨。这一群衣衫褴褛的汉人太显眼了，一看就不是当地土生土长的。匈奴单于知道了这群人的用意，把他们截留了，对他们还是很人性化的，没有来硬的，特别是对待张骞，给他使了个美人计，把一个匈奴美女塞给他做老婆。张骞不得不将计就计停下来，想寻找时机悄悄离开。由此来看，他的脑子是很灵活的，如果宁死不屈，他和他的使团早就全军覆没了。张骞比李凌幸运得多，他娶匈奴老婆的事没有传到汉武帝耳朵里，否则说不定早就被当做叛徒论处了。

匈奴美女实际上是个女间谍，安插在张骞身边当眼线的。女人当间谍千万别动真情，一旦动了真情，间谍生涯算是到头了。匈奴美女很快就深深爱上了张骞，并给他生了两个儿子。她已经失去了当间谍的资格，唯一能做的就是用柔情缠住这个大汉男人的心，让他忘记自己的使命。



张骞从来没有忘记过出发前的诺言，虽然在茫茫草原安家定居了，他心里想的是自己没有完成的使命，时刻在等待逃跑的机会。这机会一等就是十年。十年之后，当匈奴人以为这群汉人大概已经习惯了这里的生活，不再想出使大月氏的事了，就放松了对他们的监控。某个夜晚，张骞带领他的人马跑了，此时他的匈奴妻儿还在梦乡里熟睡。

他必须抛妻别子，因为他还有使命在身，在他身后是那个匈奴女人悲切的哭声。

千辛万苦来到大月氏，可是时过境迁，十年时间，那个国家已经和匈奴成为友好邻邦，想联合大月氏攻打匈奴的历史使命变成了天方夜谭。但是他们的到来加深了两个民族之间的了解和友谊，这是两个国家第一次正式接触，他们已经起到了使者的作用。

返回的时候，还要经过匈奴，又被他们抓住了。匈奴老婆不依不饶地痛骂他无情无义，所以当张骞再次出逃的时候，带上了老婆孩子，这次是回长安，他可以带着老婆孩子回家了。

不知道那个匈奴女人和孩子是否经受住了一路的颠簸，据说回到长安时，一百人的出使队伍只剩下了张骞和堂邑县的甘父两个人，此时已经离出发的日子有十三年了，汉武帝已经从毛头小伙变成了稳重深沉的具有雄才伟略的天子，如果不是这两个大活人站在跟前，他或许早就忘记了若干年前他曾经做过那样一个决定。

张骞第一次出使西域，让汉武帝了解到那遥远的地方的风俗国情。张骞的官职提升了，他成为太中大夫，后来跟着卫青对匈奴作战，立了战功，提升为博望侯。在这个岗位上，他和李广一起出征打仗，因为迷路贻误战机，李广羞怒自杀，张骞没有李广那么偏激，他认真思量了一下，就没把刀放到脖子上，而是选择了用侯爵赎罪，官职爵位都不要了，用来买回一条命。至此，他多年来的所有努力都化为零，现在他又是一点官职没有的草根儿了。



虽然名义上是草根儿了，那不过是暂时的，留着青山在不怕没柴烧，多年的经验告诉张骞，只有肯隐忍才能做成大事。没多久，汉武帝又想起张骞来了。他虽然不是带兵打仗的料，当外交大使还是很有才的，所以二次派他出使西域。有了上一次的经验，这一次顺风顺水的，成果显著。他的两次西行，开拓了汉朝通往西域的南北道路，从西域引进了汗血马、葡萄、苜蓿、石榴、胡桃、胡麻等，一条丝绸之路就此打通。他不知道自己创造了史诗般的功业，行走在旅途中他只是感觉很充实，他突然发现自己很适合也很喜欢这项工作，这项工作比当军官更让他感觉快乐。

# 第四章

# 汉朝文人——政治文人的生命感叹

# 贾谊的抑郁症是怎么得的

古代文人容易抑郁，古代有政治抱负的文人更容易抑郁。当他们的理想抱负得不到施展的时候，他们就会想不开，想不开就抑郁。比如屈原，在严重的抑郁症折磨下投江自杀；比如贾谊，抑郁引发强烈自责，哭着喊着说怀王坠马身亡事件他有责任，一年的时间里天天以泪洗面，这位三十三岁的年轻政论家、文学家活活哭死了。屈原自杀还可以归结为报国无门，以死明志，人们拉出一个楚怀王替他的死埋单。贾谊虽然创新了死的方式，却不够轰轰烈烈，有人提出，对他的抑郁症汉文帝应当负一定责任，汉文帝感觉冤枉：其实我没有亏待贾谊啊！为什么不从他自己身上找原因啊？怨就怨他自己承受能力太差，不够坚强。



做文人承受能力差一些，心理素质差一些，都能凑合；搞政治却需要强大的心理承受能力。既然当初踏上政治这条船，就要敢于应对大风大浪。把他拽上这条船的是当时河南一名姓吴的郡守，他听说自己的辖地有个叫贾谊的小伙子很有学问，就把他收到自己门下。后来吴公被提拔为廷尉，适时把贾谊推荐给刚上任的汉文帝，一方面是为国家推荐人才，一方面也有些私心，贾谊毕竟是自己人，把自己人推举到朝廷，将来彼此之间也好有个照应。



那年贾谊刚刚二十岁，到二十二岁的汉文帝身边当参谋和顾问，也许因为他们是同龄人，没有代沟，彼此之间更容易沟通，贾谊很快就被提升为博士。他凭着年轻气盛，凭着勇于创新，积极为汉文帝出主意想办法,汉文帝很器重他,几个月时间就提升他为太中大夫,正四品官,主持朝廷法令、规章的制定。

初出茅庐的贾谊毕竟太年轻了,一点都不懂得收敛自己。他凭着书本上学来的理论知识,开始用到汉朝的改革实践中,要对当前的各项制度进行根本性改革。他的改革方案切中当时积弊,很超前,但是有些地方不实用。汉文帝是靠着一帮老臣的扶持走上皇位的,贾谊的改革动了这些老臣的奶酪,他提倡扶农抑商,忘记了周勃、灌婴之类的大臣当年都是小商小贩出身,对商业情有独钟;他鼓动皇帝"削藩",弱化各地王族的势力,这个建议会引起整个朝廷上层的一场大地震。周勃、灌婴铁了心当保守派,汉文帝也拿他们没办法。再说汉文帝从草根王子做梦似的当上皇帝,他也不想太折腾,自己把自己的皇位折腾翻了就麻烦了。

贾谊无形中得罪了周勃、灌婴这些当权派。但是汉文帝不敢得罪这帮老爷子,他们冒着生命危险铲除了吕家势力,把他请回来当上了皇帝,他哪能不讲情义啊。老爷子们说:这个不知天高地厚的洛阳小屁孩儿别有用心,纯粹是来添乱的。

汉文帝不得不认同老臣们的说法,既然在他们眼里,贾谊让他们看着不舒服,那就让他离开长安吧,省得让老臣们看见他气出个好歹。

此时如果贾谊会玩政治,马上顺眉顺眼地拉拢团结周勃他们,说不定还有周旋的余地。性格决定命运,贾谊太不会团结人了,他依然锋芒毕露,依然不断招惹那些老臣,他不懂得木秀于林风必摧之的道理,汉文帝没辙了。

汉文帝确实没有亏待贾谊,他把贾谊安排到基层也是为了保护他。

但是二十七岁的贾谊想不开,凭什么我干得好好的,就被调到长沙去当长沙王的太傅了。太傅名义上职务不低,其实不过是个虚职,工作性质很简单,也就是当当长沙王的家教。从重要领导岗位突然变成孩子王，贾谊的抑郁症从那个时候就开始了，容易睹物思情，情绪很不稳定。从长安出发到长沙，路过屈原投江的那段江面他还特意停下来凭吊了一番，期期艾艾，内心深处透不进一丝阳光，他觉得自己和屈原有许多相似之处，坐在江边上他越想越往死牛角里钻，钻来钻去，觉得自己和屈原才是知音。

在长沙工作生活了三年，这三年时间贾谊一直快乐不起来，有一种被抛弃的感觉，被政治抛弃了，被皇帝边缘化了，这一身的才华不就白瞎了吗？量他这种死气沉沉的心态也当不好长沙王的太傅，好在人家长沙王这边也没真指望着他，只当是他来长期旅游的游客。

贾谊的抑郁症越来越严重了，除了焦虑失眠，还经常产生恐惧心理。一个黄昏，一只猫头鹰飞到了他的窗前，不知道是什么吸引了这只鸟，它在这里停留了一会儿才离去，它的到来把贾谊仅有的一点对生活的希望和憧憬都带走了。中国民间认为，猫头鹰是不吉利的鸟。贾谊开始浮想联翩：是不是我的生命快到头了？我还能活着走出长沙吗？

远在长安的汉文帝并没有忘记暂时贬到长沙的贾谊，后来他自己的皇位稍稍坐稳了，就一纸调令把贾谊召回长安，

接到调令，贾谊很是兴奋了一阵子，以为皇上要他回原工作岗位制定出台什么新政策呢，没想到却是向他咨询鬼神之类的事情。他觉得失望扫兴，糊弄着为皇上侃了一通，就这通胡侃，依然把汉文帝征服了，他把座位一点点慢慢凑到贾谊身边，被他的知识彻底折服。感叹说：你真有才啊，我以为自己充了三年电已经很不错了，跟你比还是差得远。

知识这么渊博的人，不当教授有些屈才，还是接着让他当家教吧，这次汉文帝把贾谊的教育的对象换成了自己最宠爱的小儿子梁怀王，贾谊改到梁怀王的府上当太傅。

也许是从皇上的长谈中感觉到皇上还是爱护他的，让他看到了未来和希望，也许是已经习惯了太傅这个工作岗位，贾谊的抑郁症

稍许好了些，他静静地等待机会，机会还没等来，梁怀王这边就出事了。

贾谊的点儿真的很背，他的学生梁怀王骑马的时候突然不小心摔死了。作为梁怀王的老师，贾谊应当有不可推卸的责任，因为那一年的梁怀王还不过是个少年，人家汉文帝把孩子托付给你贾谊了，你是怎么尽监管责任的。虽然汉文帝并没有要求他对梁怀王的死负责，但是贾谊自己不能原谅自己，他变得有些像鲁迅《祝福》里的祥林嫂，因为梁怀王的死每天都自责，整天神神道道、哭哭啼啼，见谁都哭诉说早知道这样，就不让梁怀王骑马了。

谁都劝不住他，只好听凭他每天哭哭啼啼的。希望彻底破灭了，现在梁怀王死了，他连太傅岗位都没有了，只有把哭泣当做他的主业。一个大男人一天到晚一门心思哭泣，确实挺烦人的。他坚持不懈很有耐力地哭了一年，终于把自己也哭死了。

哭死的那年他不过刚三十三岁，好的青春年华，让人扼腕叹息，太可惜了！

# 阉割不了的文人精神

尊严是男人的生命，男人可以舍弃掉一切，但不能没有尊严。尊严是文人的风骨，古代文人都拿着尊严当饭吃，宁可饿死，尊严不能丢。

作为男人，作为文人，可以想象尊严对司马迁有多重要。突然因为一句实话，好端端的一个男人被阉割了，这是毁灭性的耻辱，比死亡还要痛苦的痛。蒙受着天大的耻辱，忍受着丧失尊严的心理压力，司马迁选择勇敢地活下去，用残缺的生命完成《史记》创作。



汉代之前的许多史料都来自司马迁的《史记》，想想那些史料出自忍辱负重，忍着巨大痛苦写作的司马迁之手，内心深处就有一种沉重感，就生出无限悲怆。

汉武帝对敢于讲真话的司马迁用了这种惨无人道的刑罚，不仅仅是要阉割他男人的尊严，更重要的是要阉割他的正直和骨气，阉割他身上不屈的中国文人精神。

虽然在皇上身边工作，司马迁不过是个文人，而不是政治家。文人凭意气用事，人前人后讲真理说真话；政治家精通人际关系学，会审时度势，善于察言观色。司马家族中代代出文人，或许受遗传基因的影响，司马迁至死都没改掉他的文人气。



司马迁的老爸司马谈做了一辈子太史令，一肚子学问，也不过就是个老学究。他的这个官职没有什么灰色收入，勉强养家糊口。司马迁小时候只能跟着老妈在乡下当留守儿童，他们也要像村里的所有乡党一样在土里刨食，司马迁这个留守失学儿童，最大的渴望就是到学堂读书。长到十岁，才被老爸接到长安。

从偏远的乡村一下子走进京城，司马迁眼花缭乱目不暇接，宽敞繁华的闹市区，那些悠闲自在穿行其间的市民的衣着服饰、神情气色和乡下黎民就是不一样啊。这里是国际大都市长安，是乡下人做梦都想来的地方，如今司马迁到这里来上学了。司马迁学习成绩一直名列前茅，从乡村走出来的苦孩子知道珍惜，他的志向其实并不远大，就是想做老爸那样的国家图书馆馆长，在他心目中，当个馆长已经很了不起了。如果司马迁的老爸是个有实权的高官，不知道他会不会憧憬另外一种理想。

十年寒窗之后，他大概一时半会儿还没有找到工作，在家待业期间当过一阵子驴友，游览了不少名山大川。后来按照当时的国家政策，工作有了着落，做了皇帝身边的近侍郎中，主要从事后勤行政工作，比如当看大门的警卫员，当管理车马的司机班班长。因为他有做驴友的经历，汉武帝每次以考察为名外出旅游的时候都喜欢带着他，他可以做导游。凭着司马迁的一贯认真负责的态度，想来给领导做导游的时候，也是非常敬业的，汉武帝很赏识他，还曾经派他到云南、四川、贵州地区挂职锻炼，回来后准备提拔使用。

皇上提拔使用官员要看你擅长做什么工作，像司马迁这样平时就喜欢舞文弄墨的，汉武帝首先想的就是给他一个和他的爱好沾边儿的职务。正赶上他老爸司马谈去世了，太史令的位子空下来，汉武帝就让司马迁顶替了。

汉代太史令是中央九卿太常的属官，官位级别并不高，而且没什么实权。司马迁之所以对这个职位很满足，是因为他终于实现了少年时代的理想，当年在他心目中能当上太史令已经非常不得了啦。当然随着后来的见多识广，他也知道这个官是个没有油水的穷官，不过，文化人司马迁很乐意子承父业，在他的骨子里，精神文化生活的满足远远大于物质文化生活。

司马迁一上任就着手修订了“太初历”，然后又开始编《史记》。

人到中年的司马迁感觉自己渐入佳境，一个自己喜欢的稳定的工作，一个温馨幸福的家庭，善解人意的妻子。按照历史记载，他至少还有一个如花似玉的女儿，这个女儿后来嫁给了汉昭帝时的丞相杨敞。他想在自己的工作岗位上有所作为，于是静心写《史记》，这部史书已经完成了一大部分，如果不是因为李陵事件他被卷了进去，这部书早就完成了。

李陵事件按理说没有司马迁什么事，公元前九九年，李陵和匈奴作战兵败投降。那是军界的事，司马迁作为管图书档案的人，根本和他不沾边儿，唯一有关系的是刚参加工作的时候，他曾经和李陵做过几天同事，私下里关系也不是多铁的哥们儿。李陵投降之后朝廷里骂声一片，当然大家都附和着汉武帝在骂。司马迁凭着自己对李陵的了解，替他说了几句公道话，他说李陵这个人不会做叛徒，他大概以这种委曲求全的方式等待机会报效国家。



说这些话的时候，司马迁根本就没看汉武帝的脸色，他不知道此时的汉武帝因为这件事已经变成了一个随时都会爆炸的炸药包，那些搞政治的高官都低声下气躲着走，唯恐哪句话不对引火烧身，司马迁却主动把炸药包点着了，不炸他炸谁？

在汉武帝身上最能应验伴君如伴虎这句话。他想杀人的时候，绝对眼睛都不眨一下，身边的几个丞相都杀掉了，连太子的妈妈自己心爱的女人都能杀的主儿，杀一个司马迁还不是小菜一碟。因为说了几句真话司马迁被打进死牢。如果想活下去也不是没有办法，一是花钱买命，这一条对司马迁来说是行不通的，因为他从来没有受贿的机会，当然有机会他也不会那样做，靠一点死工资刚够养家糊口，根本拿不出赎命的钱；二是接受腐刑以抵命，这个刑罚就是割掉鼻子或者生殖器官，非常残酷，即使活着也是生不如死，所以一般人宁肯选择死也不选择没质量地活着。



生或者死确实是个问题，司马迁考虑再三，觉得这样不明不白地死去是轻于鸿毛的行为，活着才是硬道理，他还有半部《史记》没有完成。这个死要面子的文人选择了宫刑。

苟且地活着，只为了没有完成的事业，他生命中的最后十年是在任何人都无法想象的痛苦中度过的，痛不欲生的时候几度想到自杀，终于还是咬着牙活下来，在心理生理的巨大痛苦中，圆了那个让他魂牵梦绕的理想。

《史记》写完了，司马迁似乎也在人间蒸发了，从此下落不明失踪在历史深处，再也不见他的只言片语。有人说，他完成了自己的人生使命，精神支柱轰然倒塌，对人间已经没有任何眷恋，自杀了；有人说《史记》写了对汉武帝不利的史实，很有可能被汉武帝杀了；也有人说他出家了，深山古刹中求得最后的宁静。

不管后来是生还是死，他都没丧失中国文人的尊严，靠暴力可以阉割掉人体的任何一个器官，却阉割不掉中国文人的精神。

# 文化乞丐司马相如

司马相如是个不按套路做事的人，他脑子活，点子多，有些小聪明，只要有利可图，什么坑蒙拐骗的事都可以做；只要有利益，谁给钱就写文章歌颂谁。

他和西汉才女卓文君的爱情故事是中国爱情中的千古绝唱。

他是中国古代文人中的另类，有一点流氓文人的痞性，一辈子干的糗事有一箩筐。



司马相如是个苦孩子，老爸文化程度不高，给他起了个不太雅的名字“犬子”，乡下人起名不讲究，名字贱的孩子好养活。再穷不能穷教育，再苦不能苦孩子，尽管家里穷得快揭不开锅了，老爸还是把他送进学堂。他读了几天书之后就对这个名字提出抗议了，什么破名字，狗啊猫的，一听就没文化。他对这个名字厌恶透了，因为一直仰慕战国时代的蔺相如，就自作主张把名字改为了司马相如。

长大以后，老爸又到处借钱给他捐了个小武官，曾经被汉景帝封为“武骑常侍”，主要工作任务就是骑马陪着皇帝出去打猎。梁王手下有不少文学之士，相如和他们极为投缘，于是就向景帝称病辞官，跳槽到梁王府上做事。结交上梁王府那帮半文半痞的读书人后，司马相如和他们互相学习取长补短，《子虚赋》就是在那个时候创作的。

梁孝王死后，司马相如和他那帮文友们也下岗了，大家作鸟兽散，各奔东西。司马相如回了四川老家，到成都想找个地方工作，一直没找到合适的岗位，混到吃不上饭的时候想起在临邛县当县长的好朋友王吉，就投奔到这个好朋友门下。

司马相如被王县长安排在一家宾馆居住，天天白吃白喝不干活，还经常摆谱儿，高兴了就陪着县长聊几句，不高兴了蒙着头睡大觉，谁来了都不见。

身为当地著名企业家的卓王孙正在寻找讨好县长的机会，司马相如的到来使他感觉机会来了，就趁机邀请县长和他的朋友到家中吃饭。这顿饭吃得很尽兴，大家喝了不少的酒，微醺的司马相如弹琴助兴。

他在屋里弹琴，外面就有一个小女子开始春心萌动了，这个女子是卓王孙的女儿，刚刚十七岁却已经当上寡妇了。她不是那种为死去的男人坚守到底的死心眼儿节妇，老公没了，她回到娘家住着，心里正郁闷呢，听到悠扬的琴声就过来了。

司马相如那天一共弹了两首曲子，美丽多情寂寞无聊却又喜欢音乐的卓文君应该是被第一首曲子吸引过去的，悠扬的琴声把她吸引到窗前，她隔着窗子偷窥那个仪表堂堂，风流倜傥的弹奏者，看美妙的旋律从那男子的指尖下缓缓流淌，淌进她的心中。窗外的身影被司马相如发现了，他看到那个俏丽的女子在偷窥，于是把曲子换成了《凤求凰》，弹琴唱道："凤兮凤兮归故乡，遨游四海求其凰……有艳淑女在闺房，室迩人遐毒我肠。何缘交颈为鸳鸯……"

窗内，琴声中暗寄情思，直率、大胆、热烈；窗外，脸红耳热，怦然心动。

司马相如酒宴之后找到卓文君的侍女，写了一封情意绵绵的信给卓文君，再次表明了自己的爱慕之心。当时已经写出了《子虚赋》的司马相如，写封情书还不是手到擒来的小事，想打动一个涉世不深的小女人还不是小菜一碟。

那一夜，卓文君的心真正被打动了。

那一夜，这个十七岁的女人深夜时分悄悄找到寄住在她家的司马相如，两人一拍即合，拉着手居然私奔了。

司马相如和卓文君仅仅一面之交就携手私奔了，这事有些过于仓促了，奔出来两个人才发现，司马相如居无定所，他们连去处都没有。司马相如的老家空空如也，根本无法生存，为了活下去他们开了一家酒店，由司马相如酿酒，卓文君卖酒。小商小贩是不好做的，再说这也不是司马相如的终极目标啊。他厚着脸皮说：亲爱的，咱们还是回老丈人家吧，他老人家给咱们仨瓜俩枣的就够咱享受一辈子的。

真正的用意其实在这里呢，他是想抱得美女归的同时，直接脱贫致富奔小康。这个捷径是最顺畅的，事实证明这条道路确实可行，他们灰溜溜地回到卓文君娘家，卓王孙无奈地接受了这个事实。



以司马相如的才气注定要为爱才的领导赏识。汉武帝上任后，很喜欢司马相如的《子虚赋》，就召他进京切磋文学。司马相如审时度势感到机会来了，虽然结结巴巴的说话不利索，还是一直自我吹嘘：《子虚赋》写的不过是诸侯王打猎的事，现在我要写一篇天子打猎的赋，献给敬爱的皇上。

于是《上林赋》冒着热气新鲜出炉，文藻华美壮丽，把汉武帝哄高兴了，顺手丢给他个郎官职务，至此司马相如再次到朝廷上班。

司马相如这个御用文人当得相当到位，在讨好领导方面司马相如是有一套的，所以他多次被派到巴、蜀等地协调地方工作，并出使西南夷。他工作很卖力，并进一步巴结汉武帝，写了《大人赋》献给亲爱的皇上，讨得了领导的欢心。本来是指望在官职上更上一层楼的，无奈身体不给力，严重的糖尿病让他已经无法正常工作，只好提前病退了。



据说当年发迹后，司马相如对卓文君的感情也发生了变化，打算纳茂陵的一个女孩为妾，但愧对患难妻子难以开口，于是派人送给文君一封信，上面只有这样两行字：

一二三四五六七八九十百千万，万千百十九八七六五四三二一。

卓文君接到这奇妙的数字信，立即明白司马相如的心思。沉默良久写下一封长信：

一别之后 ，二地相悬。虽说是三四月，又谁知五六年。七弦琴无心弹，八行书无可传。九连环从中断，十里长亭望眼欲穿。百思想，千系念，万般无奈把郎怨。万语千言说不完，百无聊赖十依栏。重九登高看孤雁，八月中秋月圆人不圆。七月半烧香秉烛问苍天，六月伏天人人摇扇我心寒。五月石榴如火偏遇阵阵冷雨浇花端。四月枇杷未黄我欲对镜心意乱。急匆匆，三月桃花随水转，飘零零，二月风筝线儿断。噫！郎呀郎，巴不得下一世你做女来我做男！

这封信就是被后人广为流传的《数字诗》。从中足以显现出卓文君的文采修养和沉着冷静。此时此刻作为卓文君来讲，要挽回丈夫的心也只有这种办法了，打算用数字摧毁的爱情堡垒也只有用数字来拯救了，成与不成只好孤注一掷。

司马相如读完卓文君的诗信，知道这个女人是个厉害茬儿，招惹不得，就放弃了纳妾的念想，和卓文君白头偕老，算是把这个爱情绝唱唱圆满了。

# 枚乘：我在汉朝搞创作

在汉朝搞文学是件很幸福的事，中国文人们在那个时代有过一段幸福美好时光，靠写散文随笔就能找到一个好工作，写几篇好文章一辈子的饭碗就有了。

西汉著名文学家枚乘赶上那个时代了。

江苏淮安人枚乘在老家的简历我们不得而知，像他这一类的文人，无非是从小喜欢读书，喜欢文学创作，作为文学青年不甘寂寞，一心一意要走出去到外面的世界闯荡一番。

枚乘离开淮安老家的时候已经娶妻生子了，但这没有拖住他寻梦的步伐。把老家的老婆孩子稍稍做了安顿，他在行囊中塞上自己新创作的几篇散文就上路了。他一直向南，来到离老家比较近的扬州，那里是吴王刘濞的都城，许多寻梦的文化人都到这个繁华的江南小城来实现梦想。枚乘在桂花飘香的季节踌躇满志地捧着散文稿子到吴王府求职，这些夹杂着求职简历的文稿居然被吴王府的人事部门通过了，简单面试之后，枚乘成为吴王府办公室的文字秘书，按当时的叫法，叫文学侍从。

在吴王府工作的文学侍从团队里，枚乘不显山不露水的，那时候他大概还没有创作出像《七发》那样的好作品，在吴王府办公室不过是个板凳队员。他酷爱文学，业余时间也喜欢研究研究政治，关心一下时政什么的，比那些搞纯文学的目光要敏锐得多。

他的顶头上级吴王刘濞是刘邦的亲侄子，他比叔叔刘邦有经济头脑，在自己的封地里搞了个幸福安康的国中之国。他以经济建设为中心，在封国内大搞铸钱、煮盐、造船等经济活动，促进官方经济发展，吴国一跃成为全国首富。在自己的一亩三分地里，刘濞出台了一系列土政策，有些政策还是很顺民心的，刘濞的翅膀越来越硬，他的野心是扩张割据势力，目光盯的是长安的皇帝位子。这些猫腻枚乘都看出来了。

吴王以为自己已经很强大了，就想脱离中央领导，如果依照现在的实力和中央抗衡，还真没有几分胜算。别忘了现在中央政府政权巩固，如果皇帝以一国之力对付一个诸侯国，你再富庶也是势力孤单的小国。

关于这些别人也不是看不出来，只是没人敢言声，或者不愿意冒着生命危险得罪上级领导。枚乘却尽职尽责大胆向领导提出自己的意见，这就是那篇《谏吴王书》。

不说白不说，说了也白说，意见递上去了，如石沉大海再也没了动静。这个建议刘濞看到了，他对此嗤之以鼻，一个写散文的，给你个饭碗端着就不错了，提什么狗屁意见，就不怕我炒你的鱿鱼？

还没等到刘濞炒枚乘的鱿鱼，枚乘率先把他炒了，他觉得在刘濞的地盘上工作很窝火，愤然离开吴国。临走的时候还留下句狠话，不听爷的劝，等着倒霉吧！

枚乘跳槽到河南商丘的梁孝王刘武门下，他并不是贸然行动，因为事先踩好了点儿，知道那个地方是文化人的天堂。枚乘和几个文友兼同事一起扛着铺盖卷唱着小曲奔赴幸福新生活了，到了那里一看，哇！当时最著名的作家司马相如等都在这里呢，他们欢聚一堂，既是同事，又是文友，大家在一起互相切磋，学术氛围很浓。

有高工资高待遇的工作，有一帮文友搭伙，可以天天开办文学沙龙，其乐融融的文学大家庭式的幸福生活，让枚乘乐不思蜀。他离开老家已经很久了，自从当初离开后就没有再回去过。回家的路遥远而漫长，时间久了，他几乎记不清自己的老婆长什么样了，不知道自己的儿女们长多高了。

老婆不在身边，朋友们劝枚乘别跟自己过不去，再讨一房女人吧，有女人一起过日子才是家。枚乘本着听人劝吃饱饭的思维方式，就娶了一个小妾。远在家乡的枚乘老婆并不知道自己苦苦等待的老公已经在外地纳了妾，还在翘首企盼他早一天回家呢。

枚乘和小妾的感情还说得过去，他们生了一个儿子，就是后来的文学家枚皋。

吴王那边果然让枚乘猜着了。汉景帝的御史大夫晁错提出了削减各诸侯国的领地的国家政策，触动了刘濞这些诸侯国的利益，刘濞联合了七个诸侯国，打着“诛晁错、清君侧”的标语口号开始叛乱了。已经不在吴王府工作的枚乘念想着刘濞毕竟是自己曾经的领导，不能眼看着他往火坑里跳啊，火速写了《重谏吴王书》，给刘濞寄过去。



刘濞接到枚乘寄来的书信，写得条条是道，分析得很有道理，可是现在已经走到了这一步，想停下来都来不及了。刘濞让秘书把《重谏吴王书》放进档案袋，带兵继续前进，他只能前进了，现在即使停下来也是死路一条。

“吴楚七国之乱”很快在周亚夫、窦婴的平叛大军镇压下归于平静，刘濞死了，封国被废了，枚乘虽然对刘濞的谏书枉费了笔墨，却得到了世人的赏识，因为这件事，他已经不是一般会写几篇散文的文人了，而是有头脑有远见的文学大家。他的文学作品《七发》因为他的名气，点击率也在不断攀升。

枚乘因为两次谏吴王书，名气越来越大，惊动了汉景帝。汉景帝对他的识大局顾大体行为给予了表彰，还在河南给他安排了个弘农都尉的职务。这个官职是辅佐太守主管一郡的军事官员，枚乘按照组织安排上任了，文人骤然间做了武官，一时半会儿适应不了这个变化，工作起来很吃力，干了一段时间他感觉到自己不是干这个工作的材料，说自己有病要提前病退，离开工作岗位又回梁王府专职搞创作。

梁孝王刘武去世后，梁王府的那些文人作家们都离开那里另谋职业了，比如司马相如回了老家四川到好朋友临邛县县长王吉那里蹭饭吃，枚乘准备回老家江苏淮安，他要带着枚皋他妈一起回老家，枚皋他妈是本地人，不愿意跟着这个男人远走他乡。枚乘一气之下丢下女人孩子独自回去了，虽然走之前给他们娘俩留了一点生活费，但是在男女感情上，枚乘不算重情重义的男人。当年扔下结发老婆娶了小妾从此再也没有回过老家，现在又丢下这边的老婆和孩子，说走拔腿就走了，显得有些不厚道。

汉武帝是读着枚乘的文章《七发》长大的，所以是他的铁杆粉丝。汉武帝执政后，想起自己从小就崇拜的著名作家枚乘，就派人到枚乘的老家去接他。派去的车是一辆高级豪华车子，车轮上裹着蒲草，为的是让车子安稳一些，让年岁已经很大的老作家枚乘一路上更舒服一些。枚乘身体不给力没经受住考验，就这样高的待遇依然把他折腾坏了，车子没走到长安他就死在了半路上，让汉武帝很自责。

为了弥补遗憾，汉武帝提拔使用了枚乘的儿子枚皋，也算是替枚乘弥补了当年对这个儿子的亏欠。

# 扬雄跳楼自杀未遂始末

早年间，扬雄最佩服的人是司马相如。

他和司马相如有许多共同之处，比如都是四川成都人，都有口吃的毛病，小时候都是穷孩子，都是朝廷的小文员，都喜欢写大赋等。



扬雄童年时的家境貌似比司马相如家更差一些，虽然祖上也曾经辉煌过，但那已经是很遥远的历史了，到扬雄老爸这一辈早已沦落为贫农了。住在穷乡僻壤的扬雄一家穷困潦倒，食不果腹，衣不蔽体，他小时候甚至做过乞儿，长大之后有了劳动能力，开始面朝黄土背朝天做农民。也许从小生活在这种贫寒环境中，他非常不自信。据说对自己不自信也是口吃病发生的一个心理因素。

因为从小说话磕磕巴巴的，他变得越来越不善言辞。他的自传和别人为他写的传记中，都说他从小好学，没说他上没上过学，分析着大抵还是上过几天私塾的，经过扫盲式的学习之后才开始靠自学读书。因为有一个很有文才的远房亲戚，受了他的影响开始练习写作。口吃说话不方便，说不出来的话可以写出来，而且写出的东西很有味道。

遇上严君平是扬雄的福分。虽然严君平这个人的职业就是摆地摊算卦，却是个能人，一位民间的道学高人。扬雄在他的门下拜了码头，一切开始出现转机。他出资资助扬雄外出进修，也为了圆他自己年轻时的梦想。扬雄带着他和老师的共同梦想，通过不懈努力，到四十岁那年终于来到他渴望已久的京城西安，在汉成帝身边做了一个职位很低的黄门侍郎。

四十岁的扬雄开始参加工作，和十几岁的少年做同事，没办法，谁让他工龄短呢。在这个岗位上，他伺候了汉成帝、汉哀帝、汉平帝三代帝王，到头来依然是非领导职务的低级别秘书。他虽然也会写赋，写了《甘泉赋》《河东赋》《羽猎赋》《长扬赋》一系列为皇帝歌功颂德的主旋律作品，比他的前辈乡党司马相如写得一点都不差，但是他没有司马相如灵活的头脑，不会巴结领导，也没有司马相如帅气的外貌，所以他一直活得窝窝囊囊，没人重视他。

郎官一般都是朝廷的后备干部，干一段时间之后都要提拔使用的，和扬雄同期的同事早就提升了，他还在原地踏步走，二十多年就在一个岗位上磨叽着。不过，毕竟有一份稳定的收入，能在朝廷工作的专业作家毕竟也是凤毛麟角。



据说，之所以多年不提升是扬雄自己要求的，他主动提出不做地方官，也不做朝官，放弃三年的俸禄，专心搞创作。人家朝廷还是很人性化的，准了他三年的创作假，工资照发，还有补贴。事实上杨雄是有政治野心的，后来王莽新朝给他提升了一步，他就乐得屁颠屁颠地大肆歌颂王莽，从这一点来看，在西汉时自己给自己请创作假也是出于无奈。他内心深处还是想通过从政实现自己政治抱负的，人家从来不给他机会，请创作假纯粹是自己给自己找个台阶下。

收入不高，职位不高，相貌不好，又没有背景，扬雄的文字没人赏识，这让他对文字产生了怀疑，后来就不再崇拜司马相如了，认为作赋属于“童子雕虫篆刻”“壮夫不为”。他始终也没悟出为什么都是写赋的，司马相如在皇上那儿就那么吃香，自己咋就不行呢?

王莽当政后，想请一些文化名人到自己的朝廷支撑门面，许多人都因为王莽篡权辞职了，怎么请都不来。当找到扬雄时他痛痛快快答应了。多年来远离政治的扬雄之所以答应得很痛快，一是因为他曾经和王莽做过同事，而且关系还不错，不好驳他的面子；二是两个人在一起工作的时候，都属于相貌比较丑陋的人，同病相怜，现在哥们儿正需要有人帮他一把，出于义气也要赤膊上阵；三是在西汉朝廷工作了那么多年，实在没得到过什么好处。王莽很重视扬雄，把这个一辈子没提升过的老同事提拔为中散大夫，一下子连跳六级，把他的前程进行了一次突破性刷新。老干部扬雄受宠若惊，突然找到了感觉，他决心当好夕阳红，认真在天禄阁校书，为新莽的文化事业发挥余热。

汉朝的许多帝王都很迷信，王莽比别人更迷信，他迷信风水，迷信符命图谶，玩精神胜利法，他把自己能上坐皇位归功于上任前制造的图谶。当上了皇帝后，他怕别人也效仿他靠图谶的力量推翻他，下令全国上下从此禁止符命流传。扬雄从来就不相信那玩意儿，但是扬雄有个学生刘棻错误地领会了王莽的意图，投领导所好依然制造那东西，马屁没拍好，把王莽拍恼了。这事牵连到了扬雄，学生这样做，作为老师当然脱不了干系。



扬雄那天正在天禄阁校书呢，逮捕令就送到了。

年过古稀又摊上这桩倒霉事，扬雄心里很苦闷，越想越觉得冤得慌，自己从来就不懂什么图谶之类的东西，关我屁事？却拿我问罪，还不如死了落个清白。这样想着，他一闭眼就从天禄阁跳了下去。楼层太低，跳下去之后，虽然摔得破头烂齿，披头散发的，却没有生命危险。

七十岁的扬雄坐在地上痛哭流涕，结结巴巴地数数叨叨：人要是倒霉喝凉水都塞牙，想自杀都自杀不成，这是什么世道。

消息传到王莽那里，王莽挥挥手，罢了，留他一条老命吧，不管是真自杀还是作秀，凭着七十多岁的老骨头，敢往楼下跳也算是有勇气了。



扬雄自杀未遂，侥幸活了下来。但是其他和图谶门有瓜葛的数百人都受连累判了死罪，一个都没逃掉。

扬雄养好伤稍稍缓过点劲儿来，不知是哪根筋儿搭错了，又开始搞文学创作了，这次歌功颂德的文章是《剧秦美新文》，专门奉承王莽的。

这就让人们有些看不懂了，既然你扬雄老爷子连死都不怕了，还怕什么？其实歌颂谁都无所谓，只要出于真心，但是你是真心赞颂欣赏王莽吗，如果到了这把年纪还作秀，实在给文人丢份儿。

扬雄是不是老糊涂了？难道他不知道这篇奉承王莽的文字会引起什么反响？清静自守了那么多年，以为他是超凡脱俗的雅士，原来也不过是个热衷名利的俗人。

对一切的说法，扬雄一概表示沉默，他说话不利索，也替自己争辩不清。也许，人们对他的要求太高了，凭什么他就不能有一点功利心。他经历过几代帝王，汉成帝、汉哀帝、汉平帝，哪一个是兢兢业业做事的好皇上？和他们相比，王莽在皇位上要敬业得多，杨雄也许从王莽身上看到了振兴帝国的希望，真心实意想歌颂王莽。只是，他没想到自己歌颂错了，新莽政权那样短命，害得他在人们心目中的形象大打折扣，老了老了晚节不保，白白损失了一世英名。

# 班固：从自由撰稿人到体制内作家的奋斗之路

在汉朝学者中，班固算是高学历人才了，他曾是东汉洛阳大学的学生，大学毕业后没有马上参加工作，而是成了自由撰稿人。

班固的姑奶奶是汉成帝的班婕妤，所以他们家是正儿八经的皇亲国戚。班婕妤受宠的时候，给班家的弟兄们都谋了好差事，但是经过了王莽篡权的动荡，班固的老爸班彪从零做起，经过举茂才这种组织推荐制度，开始走上基层领导岗位，当过县令，病休回家后续补《史记》，写它的后传，没写完就去世了。

班老爸虽然只是个七品芝麻官，但是在老百姓眼里已经是官了，他的儿女们都受到了良好的早期教育，比如班固九岁就能诵读诗赋，少年时代与著名学者王充有过接触。王充是班彪的学生，只比班固大五岁，两个人彼此欣赏，惺惺相惜，成了好朋友。王充那时候就经常夸奖这个比自己小不了多少的弟弟，说他将来一定有大出息。一个将来有出息的聪明孩子，当然要让他接受最好的教育，所以他后来被保送上了洛阳太学，这个学校是全国的最高学府。

似乎那时候的大学也是硕博连读，班固建武二十三年进入太学，建武三十年他老爸班彪去世的时候他还没有大学毕业，七年的大学生涯，要学多少知识啊。入学的时候十六岁，从学校走出来已经二十三岁了。

大学肄业的班固按照传统习俗，要为老爸丁忧守孝。守孝的时段内，他一点都没闲着，把班彪没完成的《史记》后传翻腾出来，在这个基础上开始编写《汉书》。

班固写《汉书》和班彪修订历史，虽然都是在做同一种工作，但是权限不一样。班彪毕竟当过县太爷，他做这项工作有“公”的成分在里面，班固不一样，他大学没毕业，还没正式参加工作，他写史书属于自由撰稿人的个体写作，在当时是不允许的。私修国史是触犯了朝廷大禁的事情，搞不好要掉脑袋的。

自由撰稿人班固被别有用心的人告发了，他被关进监狱免费体验监狱生活，事情远比体验生活要严峻得多，说不定就会给班固定个死罪。

关键时刻，班固的弟弟班超出马了，这个班超就是后来因为出使西域而闻名于世的那个班家兄弟。他从老家风尘仆仆赶赴洛阳，找汉明帝上访。



汉朝的上访专业户不多，皇帝还能接待得过来。班超说哥哥冤枉，他要为哥哥申冤。

汉明帝觉得，汉武帝时代到现在已经过去这么多年了，确实该修修史书了，既然有人乐意干就发挥他的聪明才智让他干呗。于是班固从监狱里走出来后因祸得福，一下子就成了国家公务员，主要工作就是编写史书。朝廷成立了一个写作班子，选了几个文化人配合班固的工作。

皇帝把他当成了朋友，既然是朋友了，就要对他处处关心，比如关心关心他家里的生活，替他的弟弟安置个工作，对皇帝来讲，这都是顺手的事情。

班固到京城洛阳工作后，把一家老小连老妈和弟弟班超都带过来了，一家人就靠他一个人的工资生活，日子是相当贫寒的。多给他增加工资是违反国家政策的，但可以帮他弟弟安置工作，多一个人挣工资，生活就好过了。汉明帝还记着那个上访的毛头小伙子呢，偶尔问起班固，你弟弟现在干吗呢？班固说还没找到工作，在家伺候老妈呢。汉明帝便给班超找了个工作，一上班就是“兰台令史”，根本没有见习期之类的过渡。

汉明帝之后的汉章帝上任后，读过班固的《两都赋》，很欣赏他，从此他有机会在皇帝身边陪读，甚至皇上外出考察或者旅游，他都在身边陪着，还经常为皇上写点歌功颂德的赋颂哄他高兴。

有了皇帝的赏识，班固经常参加朝廷会议，兼做会议记录员，当然这些都是一手的历史资料，对班固写史书有大用处。甚至当时最重要的一次白虎观会议他都出席了，而不是列席。这次会议是东汉帝国的一次思想大讨论，对确定今后的思想观念和路线方针产生了深远的影响，会议历时一个多月，会后班固把会议记录整理成《白虎通义》，影响很大。



汉章帝和班固关系不错，却并没有给他提升太大的官，可能在章帝的心目中，班固最适合做的工作就是修订历史，当秘书，或者高级秘书，最多也就是个副秘书长，别的岗位不适合他。班固其实还是想当官的，心里不甚宁静，修史书的工作进展就变得越来越缓慢，一直停留在草稿阶段，没有做最后的修订。班固内心的不宁静没有受到汉章帝的重视，所以汉章帝时代班固没有实现自己建功立业的愿望就回家为母亲丁忧去了。等他丁忧完了，和他关系很铁的汉章帝已经不在了，换成了十岁的小皇帝汉和帝。

已经年近六十岁的班固不想再错过任何机会了，因为能给他的机会实在已经不多了。他打算通过建立军功实现自己的仕途梦。正赶上窦宪将军率军攻伐匈奴，他白发苍苍的年纪投笔从戎，跟着窦宪上了战场，名义上是个参谋，他根本就不懂军事，能做的工作无非就是一个随军记者。



做随军记者，干好了照样不容易，班固跟着窦宪在战场上征战了一番，写过一篇纪实散文《燕然山铭》，发表在大山的石头上，文字是刻上去的，成为世世代代永远的记忆。

从自由撰稿人到专业作家，从专业作家到军人，这一次班固站错了队，他把自己和窦宪的关系搞得很铁，以为这样下去会有一个好的未来，没想到在复杂的政治斗争中，一贯飞扬跋扈自命不凡的窦宪，胆大包天看上了皇上的龙椅，想亲自坐上去试试软硬，被皇帝识破了，窦宪被迫自杀。

班固和窦宪走得那样近，窦宪自杀了，当然有关部门也要调查调查他这个好朋友。负责调查的是洛阳市市长，前不久班固家的保安喝醉酒在大街上骂过他，这个小账洛阳市长都记在了班固身上。现在报仇的机会来了，他立即下令抓捕了班固，严刑拷打，让他交代参与过窦宪的篡权活动。

六十一岁的班固经不住几板子，没几天就死了。官没当成，史书也没写完，剩下的一部分还是班固的妹妹班昭续写的。一家两代三个人合作完成了《汉书》，才女班昭总算是了了老爸和哥哥最后的心愿。

# 汉朝全能青年张衡

古今中外学贯文理的人不多，张衡算是其中比较突出的一专多能的超级人才。他是数学家，还是天文学家、地理学家，也是著名的文学家，写过《二京赋》《四碧诗》之类的纯文学作品，而且在书法、绘画上也有突出的成就。

张衡的聪明貌似不属于神童类型，他接受过良好的系统教育，从小学到大学，一步步扎扎实实打好了基础。而且张同学没有死记硬背地学习书本上的东西，而是选择了一条游学之路。

一边旅游一边学习，读万卷书行万里路，这是中国古代读书人一个很有创意的学习方式，通过体察各地的风土人情，加深对课本知识的理解。打听着哪儿的老师教学质量最好，就到那个地方去，学累了再换个地方，在不断跳槽中锻炼自己的定力，在不断选择中培养真正的兴趣点。品德差、体质差的学生游不上几天就混不下去了，这种游学大浪淘沙，最后筛出的是最优秀的人才。

那时候的游学和现在的出国留学差不多，游过学的学生一般就有了胸怀祖国放眼世界的眼光，和蹲在硬板凳上做井底之蛙的学生有很大区别。古代穷人家的孩子没有足够的经济支撑是没有实力游学的。张衡当了几年游学生，说明他们家当时的经济条件还说得过去，他爷爷当蜀郡太守和渔阳太守留下的那点家底，还能支撑他完成学业。

游学生很多，最后能游进汉朝的最高学府太学的应当是凤毛麟角。张衡就属于这种拔尖人才。

太学毕业后张衡几次被推荐做地方官员，他对走仕途暂且还不太感兴趣，二是他很看不起基层那些领导干部的腐败和奢侈。那时候的张衡还年轻，还是文学青年兼愤青，对贵族社会的许多东西都看不惯，张衡到过许多地方，对各地的风土人情比较了解，当时流行奢靡之风，据说东汉的一些官员和贵族那叫一个讲究，连吃饭的家什都是纯金的，人家那是名副其实的金饭碗。

文学青年张衡不喜欢这种奢侈的生活方式，他觉得自己有义务用文字来推动社会的进步，《二京赋》就出自那个时期。《二京赋》断断续续创作了十年，速度很慢，假如他是靠稿费谋生的自由撰稿人，那他早就饿死了，由此看来写作这行当只能做业余爱好。那时候张衡还有别的养家糊口的途径，他曾经在南阳做过主簿，也就是政府机关的秘书工作，有了吃饭的营生，他才敢于用这样漫长的业余时间细细打造精品。

毫无疑问，他的《二京赋》艺术水平很高，文笔很不错，大将军邓骘看了很欣赏，想把他拉进自己的队伍做个文职官员，张衡还是拒绝了。

《二京赋》细火慢炖出炉后，人们欣赏的只是他的文采，对时弊一点都没起作用。文学救国的热情被现实生活的冷水浇了个透心凉，张衡不再渴求当作家了，开始改行搞更实用的科技研究。他潜心于天文、气象和历法的推算等方面的学术钻研，张衡由张作家变成了张博士。那年月搞科研的人才奇缺，张博士爆了冷门，一下子吸引住了皇上的眼球。

此时的皇帝已经是汉安帝了，一个十三岁上台，三十二岁外出旅游死在半路上的短命皇帝。他在位十九年，基本上没遇上过好年景，除了战争、地震就是水灾、风暴和冰雹灾害，所以对天文、气象之类的实用科学很器重。听说国内有一个这方面的人才，这个做了一辈子傀儡基本上说了不算的皇帝，在启用张衡的问题上做了一次决断，他破例派出公车把张衡接到洛阳皇宫，给张衡郎中的职务。

一向以清高著称的张衡，肯给皇上这个面子吗？

面对皇帝派来的公车，张衡和所有的俗人没什么区别，此时此刻，他毫不犹豫地坐了上去。也许他想的是，到朝廷工作能更好地实现自己的理想和抱负。再说张衡此时已经不敢再拿着清高当饭吃了，他连县政府机关秘书工作都丢了，三十三岁的张衡现在是拖家带口的男人，一家人等米下锅的日子不好过。另外，皇家的马车可不是随便什么人都能坐的，除了有一定级别的高官享有这个特权，另外能享受这个待遇的群体就是被征应试之人。只要皇家的马车往一个普通人家的门口一停，说明下一步这家人家就交上好运了。张衡还没迂腐到和自己的未来过不去的地步。他在邻居们艳羡的目光中坐上马车，奔向未知的新生活。

新生活远不是想象的那么一帆风顺，皇帝身边的郎官是一个庞大的团队，这里不是搞学术研究的地方，这里是争权夺利的地方，和专门研究权术的人混在一起，张衡明显处于劣势。尽管三年之后他被提升为尚书郎，转过年来提升为太史令，但之后的多年，他一直在这个职位上徘徊不前。

张衡走仕途失败的教训是，无论智商多高的人都不能一心二用，张衡也不例外。他的工作重心在搞科研上，那段时间，他制作了浑天仪、候风地动仪，著成了《灵宪》《算罔论》等书籍。人生有得就有失，官场失意，学术得意，如果张衡把自己的聪明才智用到官场上，汉朝某个时期的政坛上或许多了一个被后世记不起名字的官员，历史上就少了一个伟大的学者。

从汉安帝时代到汉顺帝时代，张衡在官职上毫无长进，熬到五十五岁好不容易升任侍中，因为受排挤，年近六十的他不得不离开京城到地方任职。做了地方官员的张衡很敬业，把一方土地治理的井然有序。

从搞文学到搞学术，再到搞政治，人世间的几大行当都让他蹚了一遍，六十一岁的张衡感觉自己已经老了，该退休了，向朝廷打了退休报告。

朝廷却没有批准他的退休报告，不但没批准，还另外给他安排了一个职务——尚书，对于张衡来说相当于降职使用，这很不符合干部任用制度。大概朝廷舍不得让这个人才在家歇着，想让他继续发挥余热。张衡实在是精疲力竭了，不知道他是否曾经上任，按照记载，这个一专多能的超级人才的生命就终结在了那一年。

# 第五章

# 汉朝女子——走进汉宫做女人

# 吕雉：从淑女到铁腕女强人

从淑女到铁腕女强人的距离其实并不遥远，某些时候不过是一步之遥。

少女时代的吕后曾经是温婉听话的乖乖女，之所以在后来的岁月中被打造成凶残、暴虐的千年毒后，跟她的丈夫刘邦有脱不了的干系。



淑女在成长过程中如果遇上了挫折，一类会被逼成幽怨自怜的怨妇，另一类会被逼成冷血的铁腕女强人，吕后就属于后面那一类的。

吕后的名字叫吕雉，吕家在山东单县算是有名望的富人，因为在当地和人结了仇，吕雉的老爸吕公拖家带口逃到了沛县。那个时代交通通讯都不发达，有逃犯到遥远陌生的地方躲起来，一辈子都不会被人发现。吕公到沛县是来投奔自己的好朋友沛县县令，把家安顿好之后，县令为老朋友稳居庆贺，县里大小官员都来随份子。大家根本就不知道这个姓吕的外地人是干什么的，来的人都是冲着县令的面子，为了讨好巴结县令，所以人来得很多，连县令秘书萧何都上阵搞接待了还是应付不过来，就临时规定，随份子超过一千的人才能到堂上喝酒，这样就挡出去一大批不够档次的客人。



刘邦那时候不过是一个村干部，自己骗吃骗喝，吃了上顿没下顿的，手头哪有随份子的钱，不过这么重要的活动他又不想错过，就两手空空直接往前闯，一边往屋里走一边吆喝着自己掏一万钱的份子，当然只是嘴上叫嚷，钱是绝对不会掏的。

外面的声音把端坐在厅堂的吕公惊动了，他奔出来远接高迎，想第一时间看看这个掏了一万钱的富翁长什么样。当然，“贺万钱”的闹剧吕公立即就知道了，他对这个给自己的庆祝活动增添欢乐的无厘头搞笑行为没有恼火，而是另眼相看，他觉得这个人有胆量当众撒谎未来一定是个了不起的人才。

吕公的思维方式属于逆向思维，他一下子喜欢上了这个人，当即决定把女儿吕雉许配给他做老婆。

白吃白喝还白得了个富家女做老婆，看来天上真有掉馅饼的好事。已经年过四十的刘邦此时还是王老五，他身边曾经有过女人，是没有举办过结婚仪式的情人，并没有结过婚，吕雉是他的原配夫人。

吕雉妈妈无论如何也不明白丈夫是怎么想的，责问吕公，你的脑袋是让驴踢了还是进水了，我们家青春妙龄的女儿凭什么嫁给那个土流氓似的村干部？再说他的年龄都快赶上我们啦，四十多岁的老男人，我们这是把女儿往那个火坑里推！

吕公痛骂老太婆，女人家家的懂什么！

平时吕雉很信服老爸的话，尽管刘邦那么老那么土那么穷那么没出息，她一句反对意见都没有就乖乖地嫁了过去，由富家小姐一步降级为穷人家的小媳妇。那年吕雉还不到二十岁，她不但要低眉顺眼相夫教子，还要承受刘邦婚前搞不正当男女关系带来的各种隐患。

秦朝不提倡晚婚晚育，刘邦犯不上自告奋勇当晚婚晚育的模范，他之所以不结婚，一个原因是确实有些穷，但不是最重要的，更主要的原因是刘邦做事历来不按套路出牌，他觉得身边不缺少女人，某个女人还给他生了儿子，女人儿子都有了，一切就齐活了。不结婚的好处是可以不对家庭和女人负责任，遇上吕雉这种美丽有钱的富家女，还可以以未婚男人的身份正式娶回家。其实在吕雉之前他已经和一个姓曹的女人同居了很多年，还生了一个儿子刘肥，吕雉一过门，就是小后妈。

不但做人家的后妈，这个从来没下过田的娇小姐还要下地干活，勤劳持家。后来刘邦往骊山押送服劳役的人，半路上人基本都跑光了，为了逃避法律严惩，刘邦落草为寇了。留在家里的吕雉因为刘邦被抓进监狱，吃了很多苦，尽管这样，此时的吕雉还是很淑女，没有一丝怨言。

从监狱出来，吕雉独自带着一双儿女过着贫寒的日子，在煎熬中等待着刘邦。许多年间，他们聚聚散散，彭城之战失败，吕雉和一双儿女失散，她又被项羽关押做了两年人质。她的温柔是一点一点被抽去的，坎坷的人生逼着她学会心冷似铁地面对生活。

撇下老婆孩子打天下的刘邦，在他离开家的时日里基本上就没有尽过丈夫和父亲的义务。他一边辗转南北打仗，一边不断抢掠钱财，一边寻找美女。攻到赵国的时候，他泡上姑爷赵王张敖的美人赵姬；在定陶他遇上了妖冶的女歌舞演员戚夫人；路过温城的时候，收编了石姬；后来又收编了魏王豹的女人薄姬。刘邦几乎是看到有些姿色的女子，就划拉到他的麾下。战争结束后，当吕雉重新回到刘邦身边的时候，刘邦后宫的女人团队已经相当庞大了，如果此时她再做淑女，一天都活不下去。

吕雉很爱自己的一双儿女，在彭城和儿子、女儿走散后，她听到的一些传说加快了她从淑女变为女强人的速度。儿子、女儿遇上了刘邦，爬上他的战车，他却几次把孩子踹下去，如果不是身边的大臣相救，两个孩子早就没命了。对刘邦来说，他不仅仅只有这两个孩子，还有其他女人给他生的儿女，对吕雉来说，这双儿女却是她生命的全部，她必须蜕变得格外坚强，用强有力的臂膀保护孩子，特别是性格柔弱的儿子刘盈。

为了保护儿子的利益不受到伤害，她必须铲除一切不利因素。最大的不利因素就是戚夫人和她的儿子赵王如意。这位歌舞演员出身的妖女用特殊手腕牢牢抓住了刘邦的感情，最后居然盯上了皇后和太子的位置，刘邦几次想废掉刘盈的太子之位，改立赵王如意，之后再废掉吕后改立戚夫人，当然这一切都没有变成现实。吕雉对这个女人恨之入骨，刘邦前脚死去，吕雉后脚就毒死如意，让人把戚夫人变成生不如死的“人彘”。

对政敌、情敌，对妨碍自己，妨碍儿子，甚至妨碍刘邦事业发展的人绝不心慈手软，该出手时就出手，吕雉已经完全由当年的淑女变成了心狠手辣的政治女人。她很变态，听不得一点不和谐之音，多年的独居生活让她变得非常阳刚，敢作敢当，听说韩信有谋反之心，她趁着刘邦带兵外出打仗，先斩后奏把韩信灭族。那些诸侯王谁不听从她的领导，马上就铲除，格杀勿论，最后搞得刘邦都快断子绝孙了。

儿子刘盈当皇帝的时候，本着肥水不流外人田的原则，她把女儿鲁元公主的女儿张嫣许配给儿子做皇后，也只有她这么有创意，搞得出这种变态的乱伦婚姻。弄得刘盈和张嫣别别扭扭的，一直没有同过房，至死张嫣都是处女。

刘盈不明白当年那个温柔贤惠的老妈怎么变成了这样一个蛇蝎女强人，他心情抑郁，很快就死了。吕雉彻底绝望了，举目望去，这个世界上选不出她最信任的人来执掌天下，索性亲自上阵，临朝称制，把老吕家的子弟兵都派上用场，分封到各地替她看管家产。这个女人很不简单，她在台上执政的八年时间，国泰民安，为文景之治打下了坚实基础。

由淑女到变态的铁腕女强人，从温柔贤惠的家庭主妇到手腕强硬的女政治家，她还要“感谢”刘邦这个不合格的丈夫千锤百炼的培养，吕雉的成长史进一步证明：不负责任的男人不仅能培养出货真价实的怨妇，也能培养出性格阳刚的铁腕女强人。

# 薄姬：风水轮流转，今日到她家

秦朝流行私生子，因为开国皇帝秦始皇本人就是私生子，秦朝的私生子们在头号私生子的阳光雨露滋润下，自由自在地成长着。汉文帝刘恒他妈薄姬作为贵族阶层的私生女，小时候并没有受到过歧视。



历史记载中都说薄姬是苏州人，其实她未必到过苏州，大概她亲爸是苏州人，按照籍贯她也就理所当然成了苏州人。薄姬的老爸当年是个风流倜傥的小白脸，也许在遥远的故乡已经有了一房明媒正娶的老婆，独自到魏国工作住单身宿舍，和魏国的宗室之女魏媪有了婚外情，魏媪未婚怀孕生下了薄姬。

那个时代对私生子是比较宽松的，没人在她背后戳戳点点，薄姬的心理没受到过什么伤害。不过秦始皇革了六国贵族的命，作为魏国的遗老遗少，她们母女已经难以昂起贵族的头颅，童年的生活还是很艰苦的。

好在秦朝很短暂，大泽乡起义的刀光剑影中，六国贵族又看到了希望。魏豹本来就是魏国的贵族，曾经跟着项羽闹革命，项羽大封诸侯的时候他被封为魏王，已经长出几分姿色的少女薄姬被魏豹的男子汉魅力折服，嫁给他做妃子。这是薄姬一生中唯一的也是最甜蜜的一段爱情，她深爱着魏豹，以为自己找到了一生可以依靠的坚强有力的臂膀。王族贵妇的安逸生活让她更加女人味十足，尽管那个时段中国的土地上到处在闹哄哄地打仗，但在她的王宫内却是岁月静好。

她的男人魏豹却不是安分守己的人物，从一开始他就摇摆不定，找不准哪个才是最有力的靠山，他投靠过陈胜，投奔过项羽，后来又投降刘邦。像这种摇摆不定的墙头草往往是狗熊掰棒子，最后连救命稻草都捞不到。

如果魏豹就跟准了刘邦，最后没准还有个好结局。命中注定让他碰上了秦汉著名的女风水大师许负，这女人来到王府，装神弄鬼一阵折腾之后，没算出魏豹将来还会有多大出息，却算出魏豹的王妃薄姬将来会生个天子。

魏豹以此类推，我的女人能生出天子，说明我有皇帝命，那我还有必要跟着刘邦干吗？将来我才是天子，趁早反了吧，打垮了刘邦天下就是我魏豹的了。

最后的结局是，魏豹败了，死了，刘邦毫发无损，还把魏豹的王妃薄姬收编进了后宫。不是去享受后宫的幸福生活了，而是进了织室做工勤人员。

当年在老妈身边做私生女的时候薄姬就是个苦孩子，干苦活累活她并不在乎，但是毕竟做了几年魏国王妃，再从王妃降职到织女，心里就有了极大的落差。她以为自己这辈子就只能在后宫做女工了，没想到刘邦这个好色的家伙，某一日忽然到后宫的加工厂走基层搞调研，一下子发现了新大陆，原来魏豹的后宫有这么多美色，放在这个地方岂不是浪费资源？他亲自动手挑选了一些养眼的放到自己的后宫。

薄姬很幸运被选在里面，成为刘邦女人的后备军。和薄姬一起被选进来的还有她的两个闺蜜，管姬、赵姬，她们是少女时代的闺蜜，那时候就立下“苟富贵勿相忘”之类的誓言，当年薄姬在魏王府当王妃的时候，一直提携两个好朋友，连自己的男人魏豹都拿出来让她们分享了。管姬、赵姬比薄姬幸运，人家一进汉宫就有缘被刘邦宠幸了，某一日，两个得了便宜卖乖的女人在一起说闲话，说起当年的狗屁誓言，讪笑脑筋不开窍的薄姬一根筋儿，她们说，这年头谁顾谁啊，也就是像薄姬那样的傻子相信什么诺言。

这些女人之间的小话恰好被刘邦听见了。刘邦并不是怜香惜玉的人，也不是遵守诺言的人，但是他见不得别人不怜香惜玉，看不得别人不遵守诺言，为了狠狠打击管姬、赵姬的背叛行为，他当天晚上就把薄姬从女人堆里挑出来，陪他睡了一夜。

那一夜对刘邦来讲是很平常的一夜，所以经过那一夜之后，刘邦就把这个女人彻底遗忘了。那一夜对于薄姬来讲却是一生难忘，是彻底扭转乾坤的一夜。比买彩票中百万元大奖还幸运，薄姬怀孕了，生下一个孩子居然是个儿子。但是，她并没有因为生下了儿子刘恒而得到刘邦重视，刘邦的心都在戚夫人身上，本来就没爱过这个女人，至于那薄姬生下的儿子，对刘邦来讲不过是可有可无的，他并不喜欢这个儿子。薄姬的身份依然很卑微，儿子从此成为她的全部寄托。他们娘俩儿谨小慎微地活着，活得窝窝囊囊。后来刘恒到贫瘠遥远的代国就任王位，薄姬毫不犹豫地离开了没有一丝温暖的汉宫，跟着儿子远赴他乡。

薄姬的低调隐忍最大的好处是，她没得罪到吕后，她和儿子刘恒没有威胁到吕后和太子刘盈的地位，吕后对这个受气包一般的母子甚至有几分同情。刘邦死后，他身边的女人一个个被吕后消灭掉，曾经把吕后挤兑得差点丢了皇后位置的戚夫人，被制成了“人彘”，死得很难看，戚夫人的儿子刘如意被毒杀。她利用各种手段，把刘邦的八个儿子消灭得所剩无几。远离政治漩涡，远离温暖和富贵的薄姬母子在遥远的代国幸存下来。吕后根本就没有把这对母子放在眼里，她很鄙视他们，觉得她和他们没有任何可比性，不在一个重量级。她忽视了这对母子，做梦都不会想到，有朝一日那个她从来没有正眼看过的可怜兮兮的皇子刘恒也能坐到皇上的位置上，如果她想到了，哪怕只有一闪念，薄姬母子早就被她像碾死一只蚂蚁那样，轻而易举地在世界上消失了。

吕后没想过自己有一天也会死去，她死后天下依然是人家老刘家的。她已经把刘邦弄得快断子绝孙了，大臣们经过权衡，决定把远在代国的刘恒请回来当皇上。长到二十四岁从来没摊上过好事的刘恒对这突如其来的好消息几乎一点都不信，他认定这是一个阴谋，不敢擅自进京。关键时候薄姬替儿子拿了大主意，她告诉儿子，像个男子汉，勇敢一些，一定要去长安，是福不是祸是祸躲不过。

刘恒将信将疑回到长安，疑神疑鬼诚惶诚恐地走进未央宫，继承皇位成为汉文帝。刘恒确认一切都是真的之后，第一时间把从荒僻代国陪他一起回来的老妈封为皇太后。

苦日子总算到头了，真让看风水的许负那个老太婆蒙对了，她薄姬生出的儿子就是天子。只是苦了第一任丈夫魏豹，以为他和薄姬能生出一个天子，白白搭上了一条命。谁料想这个天子是刘邦的儿子，谁料想因为这个天子，薄姬付出了一生的幸福和欢乐。

薄姬现在是薄太后了，她回想自己在汉宫屈辱的日子，却没有怨没有恨，怨谁恨谁都没有意义，命运终究是无法改变的。到了晚年她甚至很怀念一个人，那个人是大家都恨之入骨的吕后，她觉得吕后对她是有恩的，至少她留住了他们母子的性命，仅凭这一点就要感谢她。薄太后没有以皇太后的身份去和吕后挤占墓地，而是保留了刘邦和吕后夫妻合葬的格局。

# 草根美女窦漪房的进阶之路

武邑是河北衡水市的一个辖县，在武邑县观津村，二千多年前这里生活着一个名叫窦漪房的女孩。窦家原本不是当地人，为了逃避秦朝的战乱迁徙到这里，虽然暂且安定下来，接下来的生活依然十分凄苦。穷人最怕的不是贫困，而是意想不到的天灾人祸。先是窦妈妈病死了，扔下老窦和三个年幼的孩子。紧接着老窦到村边的河里钓鱼养育几个孩子，却不慎又跌落水里淹死。祸不单行这句话说起来很简单，真正降落到谁头上，都是无法抗拒的灾难。这个家的天算是彻底坍塌了，三个举目无亲的小孤儿无依无靠，连温饱都难以保障。



好在窦漪房从小长得很端正，贫寒的日子掩不住小女孩的天生丽质。朝廷把招募宫女的指标分到当地的时候，各级主管部门层层落实责任制，按照招募条件上报符合要求的女孩子，窦漪房被列入名单，经过认真筛选被送进皇宫。进宫当宫女对于一般人家的女孩子来讲不是什么好事，皇宫一入深似海，今生今世或许再也无缘见到家乡的亲人了。对窦漪房来说却是一件幸事，终于找到一个可以吃饱饭的地方了，她一时还顾不上未来的命运，当务之急是能填饱肚子，能活下来长大成人。

高祖刘邦的后宫里美女如云，还没等到窦漪房完全出落成美少女，刘邦爷爷已经衰老得没有能力和精力再深入到后宫亲自挑选美女了，直到刘邦死窦漪房也没见上他一面。刘邦死了，后宫里存放着无数美色，吕后觉得这些美丽资源一直这样库存下去，时间长了价值就大打折扣了，而且白白养着她们还要消费大量钱财，不如馈赠给诸侯王们，一个诸侯王分五个就腾空了一大部分编制。窦漪房因为美丽聪颖，也被选出来作为馈赠品。她家乡观念很强，还惦着自己的那个小乡村，就悄悄告诉负责的公公，把我放到赵国的名单里，那里离我的老家近。那个公公年迈健忘，转过身就把这事忘了，稀里糊涂就把她划到了代国的花名册里。代国在今天河北省的西北部、山西省的东北部，一个穷兮兮的地方，窦漪房只好认命，含泪踏上了去代国的征程。

代国国王就是后来的汉文帝刘恒，比窦漪房还小三岁。刘恒的原配夫人据说是老吕家的女儿，但是后来死了，蹊跷的是，这个王后生的四个儿子也全死了。窦漪房填补空缺被封为王后，并生了女儿刘嫖，长子刘启、次子刘武。刘恒和窦漪房之间理解多于爱情，窦漪房是穷苦出身，刘恒因为老妈出身低贱在皇子里面是最不受重视的边缘人物，惺惺相惜的姐弟恋让他们的心曾经贴得很近。后来刘恒一夜之间由不起眼的小国国王成为皇帝的时候，理所当然地把他的窦姐姐封为了皇后。

这对经历过苦难的夫妻夫唱妇随，刘恒大打节俭牌，窦猗房积极响应，两个人出来进去都穿着破旧的粗布衣衫，根本不像是皇帝和皇后，后宫的许多活计窦猗房都是亲手去做，这种草根式的亲民形象很得人心，她为自己树立起一个亲民爱民的国母形象。

从草根到宫女，从王侯夫人到皇后，有时候人生会艰难到拼尽一生也攀不上半步，有时候从草根美女到天骄皇后的距离却只有一步之遥，轻而易举就获得了许多人想都不敢想的地位，一连串的经历回想起来像一场梦。窦猗房经常会想起自己的家乡，曾经多次派人打听过，自己居住的那个小村庄已经找不到哥哥弟弟的影踪了，只有父母的孤坟还在。为父母修缮了坟冢，填平了当年淹死老爸的那个水塘，她闲下来常常暗自苦想，哥哥和弟弟离开家会流浪到什么地方。他们是否还活着？他们知道自己的姐妹现在已经贵为皇后了吗？

失散多年的窦家兄妹很快就团聚了，窦漪房的皇后标签是最好的广告。她的弟弟叫窦少君，马上就想到了当年被招进皇宫的姐姐。这个从小被人倒卖过无数次的死里逃生的矿工，凭着童年时代仅有的一点记忆找到京城，叙说和姐姐分别时的情景细节，那些经历都是窦漪房和弟弟独有的，任何人都无法编造出来，窦漪房泪眼蒙眬地认了弟弟。哥哥窦长君也闻讯找来了，兄弟姐妹重逢在皇宫。这两个国舅虽然因为窦漪房一下子脱贫致富，却没有像其他国舅那般张扬，从来没有给窦漪房惹过麻烦。也许这两个由草根平步青云的外戚得到现有的结果已经很满足了，他们从来没有过更高理想，眼下得到的这些已经远远超出了他们的奢望。



窦漪房是重情义的女人，也是有心计的女人。她的大儿子刘启已经立为太子了，她接受了婆婆薄太后把薄家女孩许配给刘启做太子妃的建议，稳住了儿子的太子地位和自己的皇后地位。实践证明这个决策是无比正确的，没过几年窦漪房一场重病之后视力越来越差，对这个半盲女人，汉文帝刘恒彻底不感兴趣了，他已经把爱情转移到年轻美貌的慎夫人身上。但是因为有婆婆薄太后做主，被嫌弃的窦漪房依然是皇后，慎夫人再风光，地位也远远在她之下。再说后来的汉文帝感情也不怎么专一，他很快又喜欢上尹姬。其实对窦漪房后面所有的女人，汉文帝都没有贴心贴肝地爱过，他后来最爱的并不是女人，而是自己的同性恋对象邓通。

爱情已是明日黄花，窦漪房不再想关于爱情的事，只是坚守着自己的皇后位置。汉文帝死后，刘启即位，窦漪房由皇后荣升为皇太后，这个草根出身的女人，骤然开始关心起国家政治来，她开始信奉黄老学说，并在全国上下兴起一股无为而治的风尚。



刘启是惹不起老妈的，窦漪房最宠爱的儿子并不是他，而是她的小儿子刘武，她奢想的是将来大儿子百年之后，把皇位传给小儿子。

刘启知道老妈那点心思，在一次宴席上哄老妈高兴，说自己将来把皇位传给弟弟，窦漪房脸上的笑容还没来得及完全绽开，就惹来大臣们引经据典的一片反对声，搞得她心情特郁闷。

和一些蛮横无理的皇后太后比，窦漪房算是通情达理有政治主张的女人。她在全国推行黄老治国的理念，并实行轻徭赋垦荒地的政策，使国家经济形势走上良性发展轨道，推动了“文景之治”。但是她身上还有着浓浓的小女子的任性和小气。她对小儿子刘武百般宠爱，直到刘武死了她还在为刘武的儿女谋私利，并经常在大儿子面前蛮不讲理地哭哭闹闹，说要让他为刘武的死负责。只要有人对她信奉的黄老学说提出质疑，她就给人家扣大帽子，和人家没完没了。有个名叫辕固生的儒生立场鲜明地做儒学粉丝，激怒了黄老学派铁杆粉丝窦漪房，她毫无风度地暴跳如雷，让人家到猪圈里和野猪 PK，看看是猪厉害还是儒生厉害。料想那时候已经双目失明的窦漪房没能目睹那场精彩表演，后来是辕固生赢了，因为他手里有汉景帝塞给他的一把尖刀，这些窦漪房都是看不见的。

晚年的窦漪房是一个偏执的老太太，她又给孙子汉武帝添了几年乱，直到七十一岁那年，经历了四朝的皇后窦漪房才走完了她漫长的一生。

# 金屋藏娇：陈阿娇的爱情

汉武帝的女人们在爱情上个个有一笔血泪账，这些女人中心理最不平衡的要数他的第一个女人陈阿娇。

由于汉武帝的始乱终弃，阿娇的爱情早早就变得千疮百孔。她老妈馆陶长公主刘嫖拼尽全力把她推到皇后的位置上，最终得来的却是一场空。丈夫被别人抢走了，皇后位子被别人占去了，她没有斗过草根出身的卫子夫。后来空寂的日子里她总结自己失败的教训，不得不服气，她的失败是必然的，即使没有卫子夫，还有后来的李夫人等各路狐狸精，她不是她们中任何一个人的对手。

毫无疑问，阿娇是天下最尊贵的女子，她有一个皇上外公和皇上舅舅，有一个皇太后外祖母，有一个公主老妈。她的老妈馆陶长公主刘嫖是个有野心的女人，作为皇家的女儿她只能嫁人走出皇宫，眼巴巴看着自家的荣华富贵被别人家的女儿享受，她不甘，她最大的愿望就是让女儿打回皇宫，以皇后的身份执掌大权。

自从相中了皇后这个宝座，她就开始着手实施自己的秘密计划。此时弟弟汉景帝已经立了刘荣做太子，刘嫖准备把阿娇许给刘荣做老婆，刘荣一继位阿娇就是理所当然的皇后。这个想法刚一说出口，就被刘荣的妈妈栗姬一口否决了。栗姬想问题太简单了，刘嫖这个女人是不能随便得罪的。她的目标就是让女儿做皇后，既然你栗姬让我的女儿做不成皇后，那么我也让你的儿子做不成太子，而且她说到做到，串通协调了各种关系，迅速扳倒栗姬刘荣母子，把小屁孩刘彻扶到太子之位上。因为小屁孩刘彻的妈妈王娡答应了将来让自己的儿子娶阿娇做老婆。刘嫖的口号是：谁娶我的女儿做老婆，我就让谁做太子。光刘彻他妈答应还不算，还要考察一下刘彻是否喜欢自己的女儿，爱情这东西必须靠自愿，这点道理刘嫖还是懂的。

刘嫖抱着五岁的刘彻，给他出了第一道选择题：你长大要娶媳妇吗？答案 A 是，B 否，刘彻小朋友毫不犹豫地选择了 A。好啦，只要娶媳妇就好办了。第二道是问答题：身边的宫女你想要哪个？刘彻小朋友回答都不要。第三道又是选择题：长大了娶阿娇姐姐好不好？刘彻小朋友毫不犹豫地回答好，并借题发挥说如果能娶阿娇姐姐做老婆，我一定造一座金屋子给她住。

回答正确，加十分。刘嫖喜上眉梢，当场拍定立即着手把刘荣从太子位上拉下马，想尽一切办法促成刘彻当太子。

五岁的刘彻对大自己至少四五岁的表姐阿娇的爱情表白，不过是小孩子的戏言。他懂得看姑妈的脸色讨好姑妈，懂得看老妈的眼色办事，当然他也不讨厌阿娇姐姐，所有这些，促成了“金屋藏娇”的诺言。

这是一桩不折不扣的政治婚姻，刘彻如愿当上太子，当上皇帝，阿娇当之无愧成为皇后。青梅竹马的小夫妻如果生长在普通百姓家，也许能琴瑟相和一生。在充满诱惑的皇宫，面对大自己好几岁的女人，刘彻能把这姐弟恋进行到底吗？他的金屋里究竟藏过几个娇？

刘彻很快就在万花丛中迷乱了，在后宫女人中，他的阿娇姐姐不是最美的，不是最优雅温柔的，不是最善解人意的，不是最可爱的，甚至她连一个女人最基本的功能都缺乏，因为她不能生育。

阿娇一心一意爱着刘彻弟弟，她的爱真诚但并不无私，因为她觉得自己家是有恩于刘彻的，如果不是自家老妈上蹿下跳打通各种关系，刘彻这辈子只能到外地封王做诸侯，所以她认为刘彻应当感激她，这辈子应当全心全意对她一个人好。在刘彻面前，她摆谱儿，娇骄率真，特拿自己当回事儿。人家刘彻现在翅膀硬了，当皇帝了，表面上还是很尊重阿娇姐姐，私下里早就有了自己的小心眼。某一日，当他从外地把一个名叫卫子夫的女孩儿领回后宫时，阿娇的醋坛子一下子倾斜了。特别是这个卫子夫后来怀了孕，生了儿子，阿娇的醋坛子彻底打翻了，她羡慕嫉妒恨五味杂陈，从娴静的贵族女子变成蛮横无理泼野的妒妇。

在中国古代著名妒妇中，阿娇是榜上有名的，她给世人留下了一个善妒的印象。曾几何时，世上哪个女人不嫉妒她？她拥有的一切，任何女人都不具备。这样的女子，当她沦为弃妇的时候，她的嫉妒心会比一般女人强十倍百倍。卫子夫算什么东西，一个地位低下的女歌奴，一个没文化的草根儿，也敢明目张胆和我抢男人。她使出各种手腕儿要为自己打一场爱情保卫战，她以为她的刘彻关键时候会站出来助自己一臂之力，哪怕他不偏不倚就在一边袖手旁观呢。没想到刘彻旗帜鲜明地站在了卫子夫一边，对她的感情越来越冷淡。

她满心的酸涩，满心的仇恨。爱之深恨之切，相信阿娇独居冷宫，嫉恨妒恨会随着落寞的日子渐生渐长，后来有人控告她“巫蛊”，她或许真的做了那件事情，她默默诅咒伤害她的人，通过这种发泄给心理减压，这大概就是她所谓的“巫蛊”罪。

以这个罪名为借口，汉武帝刘彻把他的阿娇姐姐赶到了长门宫，剥夺了她的皇后名分。其实废掉她的皇后是早晚的事，汉武帝的心里已经没有她的任何位置了，被废之后在衣食用度上等同于皇后级别不变，对她来说已经是特殊待遇了。“巫蛊”罪是杀头的罪名，多年之后，被她恨之入骨的卫子夫就是因为同样的罪名，和她的儿女们一起惨死的，这悲惨的结局阿娇没有看到，如果看到了她心中也就少了许多恨，多了一丝释然，和皇帝玩感情的女人，有几个拥有好下场？

阿娇被废的时候，说话算数的姥姥已经去世了，老妈馆陶长公主已经嗬瑟不起来了。馆陶长公主的心理更不平衡，早知有今天，当初何必费了九牛二虎之力立这个忘恩负义的东西当太子？一边埋怨自己的女儿不争气，一边还要想办法挽回败局，她已经不再是有老娘做主可以在大汉王朝的宫殿上跺脚乱颤的刘家姑奶奶了。

在这个关键的时刻，馆陶长公主想到了文化的力量，想到了花钱买枪手写一篇长赋，用诗歌打动刘彻。刘彻最喜欢的作家是司马相如，她花费千金重金请来司马相如，写了一首《长门赋》，这大概是中国文学史上稿酬最高的一篇稿子了。

习惯于替人写宣传文章的司马相如，对这个稿酬丰厚的活儿付出了心血，他写得情深意长，把废后孤独地宅在长门宫的凄惨落寞的心境描写的惟妙惟肖，通篇是柔软的情，温婉的怨，无尽无头的忧思。细腻唯美的文字，把怨妇的心理把握得实在太准了，难怪有人怀疑这篇作品是司马相如的才女老婆卓文君写的，只有女人才会这样懂得女人的心。

《长门赋》传到汉武帝手上，他爱不释手，称赞这是绝好的文章，却只字未提召回长门宫独守空房的阿娇，他对阿娇的爱已经厌倦和疲惫了，他的金屋里已经容不下他的阿娇姐姐，未央宫已经是别的女人的未央宫，和阿娇早已没有关系了。

男人的爱情一旦绝情到这一步，就没有任何挽回的余地了。阿娇在冷冷清清的长门宫用余下的时间咀嚼回味过去点点滴滴的幸福快乐，这种回忆和反思加重了她的痛苦哀愁。这愁是苦的，历朝历代的文人总喜欢把这愁写得很美，因为他们并不懂得真正的愁是美不起来的，“君不见咫尺长门闭阿娇，人生失意无南北”，阿娇带着满心的哀愁无奈死去。

# 卫子夫的传奇：从女奴到皇后

汉武帝一生有无数女人，最有传奇色彩的是从女奴一步步升级到皇后的卫子夫。

卫子夫未必是世上最美的女人，但一定是最有女人味的女人。靠绝美的姿色拢住男人的心只是暂时的，能长久踞在男人心中的女人必须有独特的魅力，她做了三十八年的皇后，虽然最终因为别人的栽赃陷害而自杀，但汉武帝心中一直有她的位置，一直默默尊敬着她，她是汉武帝生命中无可取代的女人。

她一生都是低调的，不管是在平阳公主家做歌女，还是到汉宫做皇后，不论是最美的花季少女，还是年老色衰的冷宫弃妇，她从来没有改变过自己的品质，一如既往的善良、贤惠、包容、隐忍。汉武帝一生尊敬的人特别是女人很少，她是其中的一个，所以在她之后，汉武帝再也没有册立皇后，宁肯让那个位置永远空着，一直空到最后。

她今生注定要遇上汉武帝，这是命运中设定好了的。

她的命运一直和汉武帝一家有着千丝万缕的联系。

卫子夫的老妈卫媪一直在平阳公主的夫家打工，平阳公主还没嫁过去的时候，卫阿姨就在那里打工多年了，她不但在那里打工，还一边打工一边抽出业余时间搞婚外情，生出了私生子卫青。卫子夫是卫阿姨的三女儿，她并不欣赏老妈的那套做派，对她的行为很看不起，但那是自己的亲妈，她也拿她没办法，所以她从小就很孤独内向。长得清秀矜持的卫子夫最初的命运像曹雪芹《红楼梦》里那些工勤人员家属的命运一样，模样再出众，也是小姐身子丫鬟命，最终的出路就是通过父母的路子，继续在大宅门里做打工二代。

打工二代从事的工种，一般都是子承父业或者女承母业。卫子夫一家都在平阳公主家打工，占据了多个工种。因为卫子夫长得俊美纤秀，平阳公主把她分配到歌舞团工作，练习唱歌跳舞。这支家庭歌舞团一是为了活跃家庭文化生活，二是在有客人来的时候，到宴会上歌舞助兴。卫子夫很敬业，干一行爱一行，她娴雅柔美的歌舞风格与其他歌女舞女有所不同，平阳公主很欣赏她，觉得她的歌舞更有艺术性，更有味道，娇而不媚的表演能更勾魂摄魄，所以刻意培养她。平阳公主在卫子夫身上下了一番功夫。

那一日，汉武帝刘彻出城祭祀顺路看望姐姐，其实他就是不顺路来，平阳公主也要找借口让他来，她培养歌女舞伎的另一目的就是想送给弟弟做礼品。这次来了当然不会错过机会，立即把自己收藏的美色展示给刘彻看。刘彻阅尽平阳公主家的美色，独独喜欢上卫子夫，她的美含蓄而优雅。刘彻的眼神出卖了他的内心情感，平阳公主捕捉到弟弟的心思，趁着刘彻到车上换衣服的时机把卫子夫送了上去。

卫子夫从女奴迈向后宫的第一步就这么简单。把汉武帝刘彻至高无上的地位放到一边，单说他的气质和男子汉魅力，足以把刚刚进入豆蔻年华的多情少女折服。卫子夫看到刘彻的第一眼就喜欢上他了。幸运的是刘彻是个有情有义的男人，临走的时候赏给平阳公主黄金千斤，并把卫子夫直接带回宫中。

女奴升格为宫女，平阳公主的美女培训班结出成果，她搂着卫子夫的肩膀抓紧进行上岗前最后的培训：妹仔，到了后宫端好自己的饭碗，下一步就看你的了。如果哪天富贵了，记着我哦。

卫子夫点头真诚答应，她不知道自己高兴得太早了，一回到皇宫皇帝就把她扔到庞大的宫女团队中，淹没在里面不显山不露水的，一年多时间她连见刘彻一面的机会都没有。熬了一年，赶上后宫淘汰释放一部分宫女，卫子夫再次见到刘彻，她在他面前哭得梨花带雨，恳求他放自己回家。她哀怜的小模样让刘彻忆起一年前在姐姐家见到她的彼情彼景，就和她有了第二次男女关系，在皇宫里管这个叫宠幸。作为一般级别的宫女，能得到宠幸已经很不得了了，上万个女人，对应的只有一个男人，这辈子能轮上一回已经算是中大奖了。

刘彻还是喜欢卫子夫的，后宫这么多美女，眼花缭乱的，他也不知道哪一个是他的最爱，卫子夫这个低调温柔的小女人是他喜欢的一种类型。

皇宫里幸运的女人都有一个争气的子宫，刘彻安慰性的一次宠幸，卫子夫居然有了身孕。在陈皇后充满杀机的嫉妒中，卫子夫一连生了三个丫头片子之后，生下皇长子刘据。年近三十岁才有了第一个儿子，刘彻没想到这样一个柔弱的女人居然有这样强大的能力，在本阶段他衡量女人的标准是：能生出儿子的女人就是好女人，卫子夫的地位因为儿子迅速攀升为皇后。

随着她地位一同提升的，还有一个庞大的卫氏亲友团。她的弟弟卫青、外甥霍去病都由奴隶成为当朝大将军，她的兄长卫长君、大姐卫君孺、二姐卫少儿告别卑微的打工仔身份，跃升到贵族阶层。封建家族式的执政制度，外戚成为一支强大力量，也成为政权的隐患。好在卫子夫的娘家人也是低调的，他们草根的出身决定了质朴的本性，卫青即使当了大将军也不敢有丝毫张扬，他们基本上没给卫子夫添过什么麻烦。

端牢了皇后的饭碗，卫子夫第一个想到的就是当年的女主人平阳公主，现在平阳公主已经是两度失去丈夫的寡妇了。当年平阳公主把她介绍给自己的弟弟刘彻，卫子夫为了报答她，把自己已经成为大将军的弟弟卫青介绍给她做丈夫，两个人互为大姑子，互为弟媳，卫子夫实现了自己富贵后不忘记恩人的承诺。

低调是一种美的姿态，汉武帝曾经很欣赏卫子夫这种姿态，好东西欣赏久了也会产生审美疲劳，何况卫子夫的容颜在岁月的雕刻下已经美丽不再，单靠内在美支撑，是斗不过后宫数不尽的美色的。男人基本上是喜新厌旧的动物，汉武帝也不例外，渐渐的，卫子夫变成了只有皇后名分的一个摆设，他把目光转移到年轻漂亮的李夫人身上，而且一直没有停止猎奇美女的脚步，年过六旬的时候还把一个残疾美女钩弋夫人从乡下挖回来。

感情上被遗弃是后宫女人无法逃过的劫，卫子夫默默接受了，她依然顽强地活着，远远地看着最爱的那个男人陶醉在别的女人的爱情中。她以为自己的生命就会这样渐渐衰败下去直到终点，一个巫蛊之祸的冤案，把她和儿子刘据都席卷进去。

那是一个不折不扣的冤案，朝廷里那个叫江充的小人是别有用心的，卫子夫无论如何也想不明白，一向明智的汉武大帝此时怎么会这般糊涂，听信了毫无根据的谗言。汉武帝年事已高，他像许多老年人一样，有年老多疑和怕死的心病，最恨用巫蛊之术诅咒他死亡的人，所以不分青红皂白偏听偏信，刘据被逼造反，绝境中自杀身亡，卫子夫彻底绝望，也步儿子后尘自杀，一口薄棺葬在城南的桐柏园。

卫子夫和她的儿女们绝迹而去，五十年的后宫生涯她悲情低调地走过，给汉武帝留下无限寂寞，当他终于幡然悔悟，明白自己冤枉了卫子夫母子的时候，为时已晚，一切都已经不再，即使他在刘据自杀的东湖边建起“思子宫”“归来望思之台”之类的建筑，也唤不回妻儿的魂魄。他无奈地让曾经属于卫子夫的皇后位置永远空着，卫子夫还是他永远的皇后。

# 李夫人：留下最美的瞬间

与你年轻时相比，我更爱你现在备受摧残的容颜。

这是法国女作家杜拉斯《情人》中的一句话。

不管这句话是否出于真心，能对女人这样表白的男人总要让人有所感慨：面对备受摧残的容颜不离不弃，才算讲义气的纯爷们儿，这样的爱情才算真正的爱情。



所有的红颜美貌无一例外都经不起岁月的摧残，当芳华逝去，红颜不再，有几个男人会爱慕女子备受摧残的沧桑憔悴？

遥远的西汉，汉武帝的宠妃李妍李夫人已经把这些参透了，当红颜逝去的时候，她宁肯选择遮住容颜，不面对深爱自己的汉武帝，给他留下最美瞬间的最美印象。她知道，他爱慕的不过是自己倾国倾城的青春姣好容颜，这一切不存在了，爱也就不存在了。

李妍之前的阿娇、卫子夫们，都曾经美丽过，无情被弃的最重要原因都和人老色衰有关。

汉武帝尤重容色。太初元年修建的建章宫，就是为了存放美女，这个建筑周长三十里，这样大面积的建筑设施，得招聘多少美女才能装满啊。据说当时各宫的美女加到一起有一万八千人，汉武帝的口号是：能三日不食，不能一日无女人。



他总觉得已经属于自己的那些美色还不是世上最好的，贪婪地认为最好的永远在民间，所以从来就没有停止过在民间猎艳的脚步。卫子夫和钩弋夫人是他亲自在民间猎来的，李妍是他通过关系在民间踅摸来的，这些女人共同的特点是地位低下，容貌绝色。

李妍的关系就是她的亲哥哥李延年，皇家歌舞团的首席艺人。

李延年过去的专业不是搞音乐，因为犯了法，受了和司马迁一样的宫刑，无奈到宫里和太监们做了同行。开始的工作是养狗的饲养员，因为有音乐天分，被调到歌舞团工作，很受汉武帝宠爱。说宠爱一点都不为过，汉武帝这个风流皇帝有一点点同性恋情结，他对李延年的感情很不一般。

作为皇帝的男宠，李延年对这种身份有时候也觉得尴尬，他知道这种宠爱不会长久，要拢住汉武帝的心还要靠美女。恰好自家就有一个美女，妹妹李妍的美是坊间公认的，只是工作性质不太好，为了养家糊口目前在教坊做歌舞伎，如果直接把妹妹介绍给汉武帝，说不定惹得龙颜大怒，轻一些大嘴巴伺候，重一些没准儿连命都没了。

李延年的策略是不明着介绍，把妹妹的美貌编成歌曲，吊皇帝的胃口。

这首歌就是著名的汉乐府绝唱《北方有佳人》：

北方有佳人，绝世而独立，一顾倾人城，再顾倾人国。宁不知倾城与倾国，佳人难再得。

好歌必须选择好献歌的时机，首演最为重要。某个宴会上，趁着汉武帝好兴致，李延年适时把这首新歌推了出去。

汉武帝果然很喜欢，果然对歌词很感兴趣：歌确实是好歌，只是世上哪有这样的佳人啊。

李延年当即推销自己的妹妹李妍。

汉武帝马上召见，已经在男人堆里摸爬滚打出来的李妍姣好的容颜再加上炉火纯青的献媚术，汉武帝当即就缴械投降了。走清高路线的阿娇和走清纯路线的卫子夫，哪是妖冶李妍的对手，一顾倾人城，再顾倾人国，三顾牢牢把汉武帝抓在了手里。

李妍上任不久就被封为李夫人，地位只比皇后低一点。她的受宠给李家带来了丰厚的收获，李延年被封为乐府协律督尉，大哥李广利封为贰师将军，弟弟李季还年轻，被列为后备干部可以随便出入汉宫。

之后，李妍为汉武帝生了第五子刘髆。对她来讲这是件喜忧参半的事。为皇帝生下了儿子本来是件大好事，但是自从生下儿子她的身体就垮了，尽管皇宫有那么多著名御医，无奈当时医疗技术水平还是太差，李妍的身体素质每况愈下，后来就卧床不起了。

病痛的折磨让李妍容颜憔悴，美丽不再。她不敢照镜子，不敢走出屋门一步，她知道，自己和家人得来的一切凭的都是她的美貌，一旦美貌没有了，这一切很快就会变成泡沫，用美丽支撑的浮华是不会长久的。心情和病情形成了恶性循环，李妍的心情越来越差，病情越来越重，不久就病入膏肓了。

汉武帝心情沉重地来探望最宠爱的女人，想见她最后一面，李妍却在汉武帝进门的脚步声中匆匆用被子蒙上头。汉武帝把她拥在怀里，去掀被子，李妍紧紧拽着被角不撒手，用虚弱的声音说："我现在的模样已经看不得了，不方便见陛下。"汉武帝说："你都病成这样了，就不想和我见上一面？"李妍缩在被子里，泪水已经把被里濡湿，她泣不成声地说："我头不梳脸不洗的，这样见您太不礼貌，谢谢您来看我，请回吧。"

一个快死的人了还这么死要面子活受罪，让汉武帝很是不理解，他问："难道你就不想托付我几句话，比如给你兄弟提拔提拔之类的？"

李妍叹息一声："封不封在皇帝，不在见不见最后一面。"

这女人真是不懂事，汉武帝烦了，起身拂袖而去。他走了之后，服侍李妍的亲戚们都轻声埋怨她："你见皇上一面，不就可以把兄弟们的事托付给他吗？"

李妍的泪水顺着憔悴的面容滚滚而下："这正是我不见他的原因，要让他照顾我的弟兄们，就要让他记着我的美，在我死后思念我，怀念我。如果让他看到我大病中丑陋的模样，他一定会嫌恶，原有的那点爱顿时会消失得无影无踪。他连我都不爱了，怎么会照顾我的兄弟？”

把最美的瞬间留给他，让他永远记得那个倾城佳人，这是李妍的一个爱情法术。这个方法确实很奏效，她死后，汉武帝无论如何不能忘记她的美丽，把对她的深爱放在照顾她的亲人上。还让画师画了她的像挂在墙上，经常能看到她的芳容。甚至还为她写了一首《落叶哀蝉曲》，怀恋她种种的好。据说还让人设坛招魂，弄神弄鬼地说要把李妍的魂召回来和她见面。

李妍的几个弟兄都有了好着落，本应该刻苦努力工作，做出优异成绩以慰藉李妍的在天之灵。贰师将军李广利和自己的亲家刘屈氂为了自己的政治利益，密谋推立刘髆为太子，事情败露后刘屈氂被杀，李广利一家被族灭，李广利当时正在和匈奴作战，趁机投降匈奴，最终也落得被杀的下场。小弟李季在后宫为所欲为，和宫女们谈情说爱。宫女们都是皇上的女人，李季大概活得不耐烦了。汉武帝不管自己的脑袋上戴没戴绿帽子，率先把李季的脑袋砍掉了，陪着他一块砍头的还有他的哥哥李延年。

李妍用美丽印象换来的一切被弟兄们辜负了，汉武帝不是一个永远靠美好记忆支撑生活的人，他的后宫总有数不胜数的美女，李妍很快就被沉淀到记忆深处。他不能一日无女人，新的爱情把旧爱洗刷得干干净净。值得庆幸的是，在汉武帝无数女人中，李妍在历史上留下了一笔，这就足以值得她骄傲了。

# 钩弋夫人：汉朝最悲情的政治牺牲品

细想想在中国古代当皇上也挺不容易的，常年住在皇宫里当宅男，难得走出京城到外面的世界去转转。尽管说整个天下都是他们家的，那不过是个概念，他们根本就不知道自己的天下究竟长什么样。

汉武帝相比其他皇上算是爱出门的，抽空经常到全国各地走走看看，尽管也就是走马观花，但是每次走出皇宫都有些小收获。



那年汉武帝到河间国的边防线视察，就收获了一个姓赵的残疾美女，她就是后来的钩弋夫人。

这个美女的残疾并不严重，只是手有些残疾，据说一生下来就握拳不能伸展，汉武帝看到赵美女的时候她的手还是那个样子。皇上大约对这个残疾美女产生了怜悯之心，亲自动手帮她把手掰开，那女孩子的手居然第一次张开了，手心里还握着一个小玉钩。如果这个传说是真的，大概有人在弄虚作假故意设了这么一个局忽悠汉武帝，她或许压根就不残疾，在高人指点下装出残疾的样子吸引皇上的眼球。然后再买通替皇上看风水的人，装神弄鬼地说这个地方有奇女子，一下子吊起皇上的胃口。汉武帝这辈子见过的美女多了去了，如果这个美女没有任何与众不同的特点，怎么能引起他的关注呢？



汉武帝这一次大概特佩服自己，他用神圣无边的法力掰开了残疾小美女的纤纤素手，女孩子的手慢慢展开了，亮出一个温润可爱的小玉钩，她柔情似水，用含情脉脉的眸光勾引已经开始步入花甲之年的老男人汉武帝。汉武帝被她的眸光电晕了，久违的男人的冲动骤然袭上来，他突然觉得自己还年轻，还有青春活力，这力量是小美女的眼神鼓励起来的，他要把这个女孩子带回后宫，做他青春的活化剂。

由此幸运地走进后宫并被封为婕妤的钩弋夫人，并不知道此一去是一场生命之劫，她的儿子刘弗陵虽然成为下一代皇帝，却是以她的惨死为代价换取的。汉武帝死之前先把钩弋夫人杀掉了，她是汉朝政治最悲情的牺牲品。

钩弋夫人见到汉武帝的那一年刚刚十几岁，豆蔻年华的美丽女孩，之所以甘愿投入爷爷辈的男人的怀抱，因为这个男人是权利至高无上的皇帝。虽然她只有十几岁，但已经知道权利的魔力了，她的老爸娶妻生子后，却因为犯法被处宫刑，好好的一个男人变成了公公，在世面上这种半男不女的变性人是不好生存的，他只好到皇宫做了宦官，那里有一批共同命运的人，物以类聚，大家聚在一起心理上可以互相壮胆。



生理和心理饱受摧残的钩弋夫人老爸即使做了宦官，也没多活几年，女儿很小的时候他就去世了，死在京城，草草葬在荒郊野外。小时候钩弋夫人跟随老爸在京城长安生活过几年，因为没了生活来源才回到穷乡僻壤的乡下老家。国际大都市长安幸福美好的城市生活印象深深刻在她记忆深处，与贫苦的乡村生活形成鲜明对比。

钩弋夫人少女时代的理想就是一定要再次回到京城，到繁华的大都市当市民。作为孤女，走进京城的途径只有嫁人，嫁个有钱有权的人。

在大汉帝国的天下，最有钱有权的人就是正在当政的汉武帝了。那个男人确实有些太老了，不过他是天下女人们共同仰慕的偶像，他的魅力不会因为年岁而打折。钩弋夫人最初见到汉武帝并抛去媚眼的时候，并不自信，正是这种看上去令人怜惜的娇美，让汉武帝产生了怜爱，他当即决定把这个女孩子带回皇宫，把她收做自己的女人。

和那些出身名门的后宫佳丽比较，钩弋夫人表面上看更清纯更原生态一些，其实她一直是个非常有心机的女人，在抓住男人的心这方面是有一些小手腕的。汉武帝像天下大多数男人一样，对新上手的女子格外宠爱，某个时段钩弋夫人是后宫所有女人的头号情敌。她很快怀孕了，孕育的时间比别人漫长了很多，据说她怀孕十四个月才生下刘弗陵。

按照现代医学的解释，怀孕十四个月基本上没有可能，这里面只有两种可能，一种是钩弋夫人月经不规律，或者对孕期计算错误，另一种是她在装神弄鬼，当初手握玉钩就是一种骗术，她说不定会故伎重施。汉武帝这个人本来就迷信，谁会想到十几岁的小美女会说瞎话啊，由不得人不信。



之前的历史上，只听说过尧帝他妈怀胎十四个月才把他生下来，现在又出了一个刘弗陵，六十四五岁的汉武帝对这个最小的儿子疼爱有加，并把钩弋夫人住处的宫门改名为“尧母门”。

一个“尧母门”让钩弋夫人几乎一步跨入国母行列，她毕竟太年轻，不懂得掩饰自己，十几岁的小女子把排场摆得像模像样。刘弗陵两三岁的时候，后宫发生了著名的“巫蛊之祸”冤假错案，皇后卫子夫、太子刘据被汉武帝毫不留情地杀掉了，她才骤然意识到皇宫里的政治气候是阴晴不定的，今天皇上可以立自己的儿子做太子，明天就可以找个借口把皇后、太子轻易杀掉，还是隐忍一些吧。她不敢再显山露水了，安静下来悉心抚养小儿子。

太子刘据死了，腾出一个好位置，把几个皇子的胃口全吊起来。

燕王刘旦关注太子位置已经很久了，兄弟刘据刚刚死去，他就给老爸打报告要求回京城当太子。对这个厚脸皮的儿子，汉武帝不但没答应，还削去他三个县。广陵王刘胥不在太子人选考虑之列，他历来不务正业，也就不关心谁当太子，只要给足他玩乐的钱财，他就心满意足了，这个儿子属于半废品。昌邑王刘髆的舅舅李广利从中看到了希望，为了把外甥刘髆推到太子岗位，他策划了一系列活动都没成功，李广利无奈投降匈奴，刘髆也死在了汉武帝前面。

现在就剩下最小的儿子刘弗陵了，如果立这个四五岁的孩子当太子，刚刚二十出头的年轻妈妈钩弋夫人会不会母凭子贵，成为一手遮天的皇太后？在这之前，已经有过祖奶奶吕后和奶奶窦太后干预政治的先例，对钩弋夫人这个年轻女人汉武帝很不放心，手握玉钩以及十四月怀胎这些骗人之术，汉武帝大概也有怀疑。

所以，在立太子问题上汉武帝一直犹豫不决。他已经七十岁了，越来越感觉到体力不支，到了该下决心的时候了，他思来想去，决定还是立刘弗陵。

立子杀母，刘弗陵要当太子，他老妈钩弋夫人必须死！

这是汉武帝咬牙做出的决定。

不但要让她死，还必须给她栽上一个罪名，作为有罪的人，她的亲戚们就没有希望在朝廷当官，从而杜绝了后患。政治是残酷无情的，汉武帝既然能把自己曾经最爱的卫子夫和亲生儿子杀掉，杀个钩弋夫人和碾死一只昆虫差不多。只是自以为很有心计的钩弋夫人，临死才知道自己远远不是汉武帝的对手，儿子立为太子了，她却必须拾起丢过来的那段白绫了断生命。手握白绫的一刹那，凄婉地回望年迈体弱的汉武帝那绝情的目光，她彻底绝望了：女人不但要远离政治，还要远离搞政治的男人，如果有来生，她绝不走进皇宫。

# 王政君：历经七朝，控制后宫61年

怨妇是指被男人冷落了的，心存不满的，整天摆着脸色给别人看的女人。

汉元帝刘奭的皇后王政君一生都被男人冷落着，当然心存不满。她是不是给别人摆脸色不知道，但是这个怨妇一旦摆脱了怨妇的身份华丽转身之后，骤然就把角色转换为悍妇。从怨妇演变而来的悍妇是非常可怕的，她结结实实活了八十四岁，光皇后、皇太后、太皇太后就当了六十一年，历经七朝，直到把大汉帝国的江山葬送给自己的娘家侄子王莽，这个女人才算是在人生舞台上彻底谢了幕。

怨妇有一个口头禅，谁年轻的时候没碰上过几个渣男呢。

刘奭算不算渣男另当别论，王政君这个怨妇是自愿上岗的，因为人家刘奭从来就没爱过她，也就是说，她打根上起就是一个怨妇。

天生胆小，性格懦弱的刘奭是个情种，做皇太子的时候，他深爱过一个名叫司马良娣的女人。这是个短命女子，青春年少就红颜凋零了，临死拉着刘奭的手告诉他，自己是因为刘奭其他的姬妾们嫉妒诅咒而亡的，一定要把账记在那些女人身上。二十五岁的太子刘奭还不懂得用自己的脑子想事，完全相信了司马良娣的话，从此任是多么美丽多么优秀的女人都难入他的法眼，王宫里一众美女齐齐沦为怨妇。经过司马良娣的洗脑，在刘奭的心目中，她们这些人已经彻底被他屏蔽在感情之外了，不要说爱她们，他连见都不见这些女人一面了。

刘奭对身边的女人有了心理障碍，感情死机了。他还年轻，还没有一男半女的，最着急的是他老爸汉宣帝。汉宣帝想，如果再换几个女人试试，会不会重新唤起儿子的感情呢？他给王皇后下达指令，让她迅速到自己的后宫去挑选一下，找几个年轻美貌的宫女让太子挑选。为了儿子，汉宣帝大公无私，把自己后宫的美女都贡献了出来，说起来真够大方的。

被挑出来的五个宫女中就有王政君，也就是说搞不好她或许会成为汉宣帝的女人，因为她进的是皇宫，这些宫女都是给皇帝预备的，阴差阳错的，却做了汉元帝的女人。

王政君一生充满传奇色彩，她的祖上是当官的，老爸叫王禁，官不大，足够养家的，甚至还有钱供养一批小老婆。王禁一辈子有两大嗜好，酒和女人，他离不开酒，几乎顿顿喝天天醉；离不开女人，除了正房老婆李氏，还有N房小妾。女人们争风吃醋，打成了一锅粥，谁占了上风，谁就拥有了男人的宠爱。人老色衰的李氏显然不是这些小妖精们的对手，她疲惫了，对丈夫失望了，心甘情愿退出角逐，把第一夫人的交椅腾出来让那些女人们去争抢，自己率先把丈夫休掉，改嫁给一个名叫苟安的男人。

老妈改嫁的时候，王政君还是个小孩子，她和小后妈们的孩子们生活在吵吵闹闹的家庭纷争中，因为从小看惯了女人之间的醋波大战，当自己投入到皇宫女人们之间的战争的时候，她把从小学到的战略战术都用到了实战中，所以才可以保持永远的不败之地。

因为缺失了母爱，王政君刚刚及笄就被老爸许配了人家。古代女孩子及笄的年龄是十五岁，十五岁的王政君还没来得及嫁出去，男人病死了，她守了望门寡。好在汉朝的时候对女子守节制度要求不严格，老爸又给她找了一家更有权势的东平王，因为她毕竟算是嫁过一次了，这次等于降价处理，到人家府上做小老婆。不幸是，她即将过门的时候，东平王也得暴病死了。

这下这个女孩子死活是没人敢要了，嫁一个死一个，方人。老爸王禁愁死了，被逼得没招了求助于算卦寻找安慰。算卦的说："这个女孩子是富贵命，将来要嫁给一个大富大贵的人。"

王禁扳着手指头算了一圈，最大富大贵的人都在皇宫里面，干脆想办法把女儿送进后宫了。是不是富贵就看她的造化了，如果碰巧大富大贵了就感谢老爸，赶上一辈子没有出头之日就把账记在算卦的老头身上，谁让他胡乱给指道来着。

碰巧王政君就被挑出来参加刘奭王妃的竞选，碰巧她那天穿的和别的宫女不一样，碰巧她就坐在了刘奭身边。面试之后，皇后问心不在焉的刘奭，你看上哪个了？刘奭碰巧顺手就往自己身边一指，王政君一生的命运就这么决定了。

其实刘奭根本就没看清身边的女孩子长什么样，他无非是为了完成老爸交给自己的任务。既然心爱的女人已经死了，爱已经死了，娶谁做老婆都是一样。据说王政君一生只侍寝过一夜，却怀上了儿子汉成帝刘骜，从此王政君被逼成了苦大仇深的怨妇，当之无愧地坐上了当朝第一怨妇的交椅。

虽然因为生了儿子刘骜，王政君名正言顺地做了皇后，但她这个皇后只不过就是个摆设。刘奭慢慢从感情痛苦中缓过劲儿来，喜欢的依然不是她，而是后宫服务员出身的傅昭仪和军二代冯昭仪。傅昭仪做过多年服务人员懂得体贴照顾人，冯昭仪五大三粗高大魁梧，可以很好地保护单薄瘦弱的刘奭，他很依赖这两个女人，到哪儿都带着她们，王政君的情感被这个软弱但顽固的男人搞得破损不堪。

对王政君来讲怨妇生活结束的时日，就是刘奭离开这个世界的日子，她虽然华丽转身不是怨妇了，却变成了寡妇。她的儿子刘骜即位成为汉成帝，她成为皇太后，没有人敢对她说三道四，她的权力至高无上。

从很多方面看，她都不是一个成功的女人。一辈子得不到丈夫的爱，她不算成功的妻子；儿子是史上最荒淫的皇帝，她不算成功的母亲；断送了汉朝刘姓的江山，她不算成功的政治家。历史的实践证明，这个女人根本就不适合掺和国家政治。可是自从儿子当政之后，直到以后的几十年，她一直紧紧抓住政治这根救命稻草不放。汉元帝刘奭时代，她受了太多的委屈，有了太多的不公正待遇，让她的心灵备受摧残，她现在有机会了，一定要把当年的损失夺回来，这是所有怨妇共同的心理特点。

赶上儿子不争气，不仅仅是在为政上不争气，为人上也不争气，连生孩子这个问题上都不争气，后宫无数个美女竟然没留下一个子孙，死的时候更不争气，丢人现眼死在赵合德这个红颜祸水的床上。王政君很无奈，她必须亲自垄断汉朝大权，不断扶植栽培新的接班人。当一个政权颓废到了无力支撑的时候，新上任的接班人都个个短命，一个个小皇上居然都活不过她一个古稀老太太，这是命中注定的劫吗？

女人的感情必须寻找到寄放的地方才能安心。一生没得到过爱情的王政君，把感情寄托在对娘家人的亲情上。她没想到自己最最信任的娘家人抄了她的后路，侄子王莽把汉朝江山抢到自家手中，王政君沦为大汉帝国的千古罪人。她觉得愧对汉朝列祖列宗，在深深的愧疚和忏悔中度过了生命中的最后岁月。

# 娶妻当得阴丽华

刘秀和阴丽华算是青梅竹马式的爱情。

少年时代的刘秀家贫如洗，属于娶媳妇都是奢望的苦孩子，却以癞蛤蟆想吃天鹅肉的大无畏精神，看上了当地著名的白富美阴丽华，流着口水发誓："娶妻当得阴丽华。"

娶阴丽华就是他的奋斗目标，按照刘秀当时的境况来看，这个目标很远大，远大得近乎空想。这种不靠谱的理想没人会当真，刘秀自己却当了真，他为了这不着边际的理想，想方设法改变命运。

他最初的政治追求不过就是想做一个执金吾这样的首都卫戍司令，走到那个位置，迎娶阴丽华就算是门当户对了。先当执金吾，再娶阴丽华，以此为动力，他和兄长一起闹革命，趁着王莽执政时期的天下大乱，他们也扯起一杆起义大旗。刘秀家本来是西汉皇族的遗老遗少，他们想趁这个机会为已经灭亡的汉王朝出一口恶气。他们通过投靠更始王朝，得到了一定的利益，但是也付出了沉重代价，刘秀的哥哥刘縯被更始帝杀死，刘秀也受到更始帝的猜忌。

不过，此时刘秀已经有了一定的权势和地位，他已经有足够的实力向阴丽华提亲了。他郑重地向生命中最爱的女人求婚。阴丽华已经十九岁了，在那个时代十九岁的女孩子已经算剩女了。奇怪的是，阴丽华一直没有嫁人就闺中待嫁等待着刘秀提亲，也许美丽的阴大小姐太挑剔了，一直没遇到合适的结婚人选，挑来挑去把自己挑成了老姑娘，就等着刘秀这个姻缘呢。

如愿以偿娶得美人归，阴丽华在闺中受过严格的教育，坚决履行嫁鸡随鸡嫁狗随狗的制度。自从嫁给刘秀，这个男人就成了她的唯一，从此她开始一心一意追随刘秀，不论身处什么位置，都安心相夫教子，不给丈夫添乱。

新婚不久刘秀就被更始帝派遣到河北开展工作，一对小夫妻不得不暂且分别。阴丽华依依不舍回到南阳娘家，临行前刘秀深情告诉她："等着我，这次回来，我就哪儿都不去了，你我厮守在一起甜甜蜜蜜过恩爱生活。"

阴丽华期待着未来的幸福生活，盼来的却是刘秀和郭圣通结婚的消息。

刘秀说，和郭圣通结婚是出于无奈，因为他的政治追求已经更加高远了，为了达到政治目的，谋求发展，他觉得以牺牲爱情为手段值得。

在河北工作期间，刘秀确实遇到了很棘手的问题。西汉皇亲国戚赵缪王的儿子刘林拥戴了一个名叫王郎的人在邯郸称帝，另一个西汉皇亲国戚广阳王的儿子刘接也给他出难题起兵闹事，当时真定王刘杨明确表示愿意出钱出力帮着刘秀消灭邯郸的王郎，但是有一个附带条件，刘秀必须娶刘杨的外甥女郭圣通做老婆。

对这个附带条件，刘秀也有过一丝犹豫。那时候他和自己日思夜想的偶像阴丽华结婚还不到一年。在阴丽华面前他山盟海誓说一生只爱她一个，如今还不到一年的时间就变卦，将来见了阴丽华怎么向她交待。刘秀不想伤害阴丽华，可是拗不过称霸一方的事业心，左右权衡之后，他决定豁出去伤害阴丽华一回，便答应了真定王的这笔交易，迎娶了郭圣通做第二个老婆，用爱情换取更大的政治利益。

男人的事业永远是第一位的，当爱情成为事业的累赘时，他们会毅然决然地选择事业，暂且把爱情放一放。何况郭圣通也是一个美女，一个家族地位比阴丽华还显赫的美女。刘秀娶郭圣通的时候，也是欢欢喜喜做的新郎官，并没有愁眉不展装出一副被逼无奈的苦瓜脸。远方，阴丽华还在孤独中苦苦等待着她的郎君，这边，刘秀已经和郭圣通敲锣打鼓吹着唢呐进了洞房，洞房花烛夜，他像几个月前第一次做新郎官的时候一样激动、亢奋。

此时，刘秀和阴丽华的爱情只能暂且回避。那一刻，连刘秀自己也不敢认定，自己对阴丽华的爱情究竟是不是真的。虽然世人都觉得他和郭圣通是一场功利性婚姻，但是当刘秀把郭圣通拥到怀里的时候，谁能说得清里面究竟有几分爱情几分功利？

刘秀自己都没想到，两年多后他居然当上了皇帝。定都洛阳之后，他派人去接阴丽华，阴丽华暗自设想了无数种夫妻见面的场景，等真的一见面，她顿时傻了。刘秀身边多了一个女人，这个女人和刘秀在一起生活的时间比自己还长，俨然已经是他的正房太太。

苦苦等待的爱情却是这般结局，她暗自长叹一声，无奈地接受了现实。罢了，那个姓郭的女人也不容易，何必为难人家呢。刘秀把阴丽华封为贵人，阴丽华根本没有研究清楚这个贵人是什么头衔就接受了。到了立皇后的时候，刘秀大概对两个女人也为难，阴丽华毕竟是自己的第一个女人，按道理讲应当立她为皇后，但是郭圣通家为自己打江山出了钱出了力，只怕如果不立她，她的娘家人跳出来闹事，刚刚建立的政权还不稳定，经不起任何风吹草动。

阴丽华看出了刘秀的为难，豁达地告诉他，就让姓郭的女人当皇后吧，自己不是当皇后的材料，担当不了重任。刘秀知道阴丽华这种推辞完全是在为他着想，阴丽华越这样越让他内疚，本来就已经很对不住人家了，现在又欠下她重重的一笔感情债，这沉重的情债什么时候才能还清啊。

皇帝的爱情很多时候与情爱无关，而是与女人背后的势力关系密切相关。郭圣通因为娘家的坚强后盾成为皇后，阴丽华低调隐忍地退到幕后，默默地把角色变换为孩子他妈。她已经不是刚结婚时只为爱情生存的多情小媳妇，她强迫自己接受了目前这种尴尬角色，一世的相守和相濡以沫她已经不敢奢求了。把一切都想通了，也就释然了。她内心平静如水，谦逊而平静地生活在夹缝中，她越是善解人意，越给刘秀制造心理压力，娶妻当得阴丽华这句话现在已经变成了一个世人皆知的天大笑话，刘秀经常自责，觉得自己在阴丽华面前抬不起头来，自己就是一个爱情骗子。

刘秀在感情上的愧疚偶然会有所表现，郭圣通当然会不满。这也不怨她，哪个女人愿意和别的女人分享爱情啊，她的吃醋总是把刘秀和阴丽华的关系推进一步。阴丽华忍着伤痛表现出来的大度和郭圣通妒火燃烧表现出的小气形成鲜明对比。郭圣通最终被 PK 掉了，刘秀经过综合权衡，不论是从事业发展的角度，还是从爱情角度考虑，还是阴丽华做皇后比较合适，他废掉了郭圣通，改立阴丽华为皇后，终于补偿了对她的歉疚。

对这个迟到了将近二十年的名分，阴丽华没有欣喜若狂。皇后的位置只有一个，总有一个女人要伤心地退到一边可怜兮兮地落泪，她不喜欢这种新人笑旧人哭的结局。刘秀已经不是她一个人的男人了，千古传诵的这个爱情传奇，味道其实很酸楚。

# 第六章

# 汉朝游侠——仗义侠客的江湖规则

# 坐在牛车上的关东大侠

西汉时期的游侠才算是真正的大侠，他们不仅仅是那个时代，也是整个中国历史上非常奇特的一个群体。

游侠不同于后世的江洋大盗，也不同于黑社会，他们讲义气，守信用，虽然有时候不遵纪守法，但是并不破坏整个社会的安定团结。游侠都是能人，他们重义轻生，为国为民，以铲奸除恶为己任。西汉初期是游侠的鼎盛时代，这个特殊群体在包容的社会大环境下幸福快乐地存在发展着。最大的几个游侠不但有强大势利、雄厚资产，还有非常广的人脉资源，连刘邦这种痞子出身的皇上都对他们敬上三分。

刘邦时代的最大游侠是关东大侠朱家，他的突出事迹就是利用自己的游侠身份救了无数人，他救穷人，也救富人，救好人，也救坏人，救的最著名的一个人是季布——刘邦政府的一级通缉犯。

虽然朱家号称关东大侠，但他并不是关东人，他老家在山东，是鲁国人，因为在关东一带名气最大，所以才有了关东大侠的荣誉称号。

和后世穷得屁股用瓦片盖着的侠客们不一样，朱家不是穷人，他们家祖祖辈辈是大地主，他搞游侠活动的经费全部来自自家的土地。每年的收成几乎都被他兑换成钱财，用于救济素不相识的人，所以朱家自己的日子混得穷困潦倒，经常一贫如洗，口袋里连一文钱都找不到，穿着一身乞丐服，破破烂烂的，看不出曾经的颜色。

自己吃饭连温饱都不好保证，营养搭配连想都不要想。出门的时候，就乘坐在一辆破牛车上，家里有万贯家产却养不起一匹马。不知道朱家的老婆孩子有没有怨言，居然能容忍他这样大公无私。猜想他们未必全心全意支持他，只是拿他没办法罢了。

用今天的话说，朱家属于做了好事不留名的那种人，他热衷于见义勇为，经常路见不平拔刀相助，救下的名人有几百个，普通人数不胜数，却不图任何回报。人家过后想报答他，他都躲着不见。

朱家行侠仗义，不但要搭进钱财，有时候还有生命危险。他救的一些人，有的是危险分子，有的是政府通缉犯，比如季布就是刘邦政府通缉的一个漏网之鱼。朱家不但救了季布，还帮他打通关系又让他做了汉朝的官。

楚国人季布年轻的时候属于街头混混，秦末起义让他心潮澎湃想扛枪干革命，可惜站错了队投到项羽门下。想当年没少和刘邦的军队打仗，后来没想到人家刘邦胜利了，季布作为项羽部队的残兵败将，被刘邦贴出追捕令，出千金悬赏捉拿，并明确表示，谁胆敢窝藏季布就灭谁的族。

季布成了丧家之犬，东躲西藏，最后藏到冀、鲁、豫三省交界处濮阳一个姓周的朋友家。朋友家门口就贴着通缉令，不敢冒死救他，就给他出了个主意，说你还是到朱家那里躲躲吧。

为了把季布送到朱家那里，那个姓周的哥们儿也付出了一定代价，他给头发剃光的季布换上粗布衣裳，混进周家的奴仆堆里，几十个奴仆搭上季布，一块贱卖给朱家，和白送差不多，因为朱家手里的钱都扶危济贫了，根本不可能出大价钱买仆人。

尽管混在奴仆中间，季布的气质眼神儿和那些人明显不同，再说到处都贴着季布的通缉令，那年头虽然没有照片，但人家画像的技术很高超，通缉令上的人像画得蛮像的，这种小手段骗得过别人，骗不过朱家。他一眼就看出了季布，并不动声色把他买下来，让他到地里干活，不做抛头露面的工作。并特意告诉儿子要尊敬这个人，要让他吃和家里人一样的饭菜，别亏待他。

一切安排妥当，朱家借了辆马车直奔洛阳，以他的破牛车的速度，在当地活动还凑合，出远门就不行了。他到洛阳出差也是为了季布的事，汝阴侯滕公夏侯婴是他的好朋友，朱家到他那里是为了打听一下季布的底细，皇上为什么这么不惜血本通缉他啊，自己也要搞明白才是。

夏侯婴是刘邦的发小，两个人从小一起长大，刘邦起义的时候又跟着他一起扛枪闹革命，他属于刘邦的心腹，从他那里探听来的消息应当不是小道消息。夏侯婴告诉朱家，季布替项羽卖命的时候和刘邦有过许多次正面交锋，有几次差一点就把刘邦置于死地了，刘邦恨他不是一天两天了，现在无非就是想出出心里那股子恶气。其实季布是个很有才的干将，就看他为谁效力了。

朱家认为季布听从领导的指挥，忠诚领导，这只能说明这个员工是个合格的好员工。如果换了刘邦做他的领导，他也照样会服从命令听指挥。刘邦如果因为过去的怨恨追杀季布，就显得太小气了，如果追急了，他投奔了匈奴，忠心耿耿替他们卖命对付中原，那就糟糕了，还不如把他收编了，让他戴罪立功。

夏侯婴早就猜到朱家到他这里来的用意。这哥们儿不管是谁都敢窝藏，他大概又把季布窝藏在家了。夏侯婴答应等有机会到京城去的时候，替季布求求情，朱家不计个人安危地替大汉朝廷收藏人才，作为开国元勋，他更责无旁贷了。

这事没预想的那么难，不知道是刘邦给了夏侯婴面子，还是敬佩朱家的侠义，或者是当初对季布仇恨的气头已经过去了，总之他答应了赦免季布。汉朝人随弯就弯的能力似乎很强，那边刘邦不再追究季布的过去了，这边季布立即高呼万岁跪倒臣服在刘邦脚下。在这一点上让人很迷惘，不知道是该敬佩季布的见风使舵，还是该唾弃他有奶就是娘的软弱。如果在项羽那帮人的眼里，季布就是不折不扣的叛徒。成者王侯败者寇，现在刘邦是王，随便赏给了季布个郎中，已经显得很有度量了。

这件事，朱家大概心里很有成就感，但是他从来不喜形于色，脸上永远是平平静静的，从来不表现出喜怒哀乐。季布步步高升，据说后来并没有回来报答朱家的救难之恩，之后的岁月，朱家从来没有和季布见过面。也许不是季布不想报恩，是朱家拒绝别人报恩。他一生都很低调，从来不宣传自己，从来不要求别人回报自己，从来不接受别人的感谢。这才是最服人最让人敬佩的，许多人甘心情愿做他的粉丝。有个叫田仲的侠客，把朱家当做自己的偶像，从一点一滴向朱家学起，却认为自己怎么学都赶不上他，不过田仲这哥们儿一辈子也没白折腾，至少被司马迁写进了《史记》里。

# 笑傲江湖的江洋大盗

世袭游侠郭解是西汉最富传奇色彩的一个大侠。

他老爸郭成奇是著名侠客，因为经常与政府法律作对，被汉文帝毫不留情铲除了。也就是是说郭成奇在当时有很有名的。除了拥有一个著名老爸，郭解还拥有一个著名的姥姥许负，许负是中国看相算卦业的鼻祖，游走在皇宫内外看相算命，是个大师级人物。



许负老太太一辈子给别人装神弄鬼算命，却没给自己女儿把命算好，把女儿嫁给富二代郭成奇，却没算明白郭成奇会遭遇血光之灾，让女儿早早做了寡妇。

老爸突然被杀，给郭解少年的心灵上造成了很大创伤。郭解从好孩子成为问题少年，很早就继承郭成奇的遗志，重组了一个黑社会，这里之所以说他的团伙是黑社会，是因为当时他的行为确实涉黑。这个团伙有时候行侠仗义，有时候也干伤天害理的坏事，比如只要有人肯出大价钱，他就派出杀手替人家摆平，滥杀无辜的事情没少做，鱼肉乡里的事情也没少做，最不地道的事情是他们经常盗掘人家的祖坟，甚至扰乱金融秩序，搞了个造假币的地下加工厂，偷着铸钱。就前面这些条罪状，哪一条都够得上砍头的条件。

长得其貌不扬，五短身材的郭解成为当地一大祸害。就在朝廷听到一些风声要为民除害的时候，郭解突然金盆洗手，洗心革面了。他大概意识到，要想让自己的组织长期生存下去，就不能再干祸国殃民的勾当了。他彻底改变行为方式，大把大把散财救济百姓，做事变得很低调。中国老百姓是善良的，虽然看不得为富不仁，但只要富人表现出仁义亲民的一面，他们立即把这个人以前的污点一笔勾销。谁没有一个成长的过程呢，郭解虽然曾经是不良少年，但是现在长大了。

郭解为了重新做人连酒都戒了，他严格要求自己不喝一滴酒，从这一点上看，这是个非常有自制力的男人，另外性格上也变得沉稳冷静，学会了做事不动声色。

如果说西汉时期的朱家是自觉成长为一个合格游侠的，那么郭解的成长则是经历了一个曲折的过程。他摸爬滚打地从黑社会老大成为游侠之后才发现这边风景独好，好就好在有无数的人开始尊敬他。他找到了做人的尊严之后，陶醉在其中不能自拔，后来居然做出了大义灭亲的壮举，更奠定了他做游侠的坚实基础。

郭解姐姐家的儿子，也就是他外甥，在他手下做小弟。这倒霉孩子不是省油的灯，某一日和别人喝酒，人家已经不能再喝了，他摁着脖子往人家嘴里灌，结果被那个人杀死了。郭解姐姐想让弟弟给她报仇雪恨，郭解说等调查清楚了再做决定。姐姐一怒之下把儿子陈尸街头，想让街上的人看看郭解，人家把他外甥打死了，他还做缩头乌龟。这种激将法没有任何效果，郭解一直按兵不动，让人佩服他的忍耐力。后来那个凶手自首了，把当时的来龙去脉告诉了郭解。郭解长叹一声怨自己没有管教好外甥，大度地把凶手放走了。这件事情为郭解又增加了无数粉丝。

汉朝的游侠不同于后来的江湖中人，他们不是一人一剑走天下，行踪不定的浪子。真正的游侠之所以能成为江湖至尊，他们并不快意恩怨，而是能够放下是非恩怨的纠缠和名利的牵绊，不追逐名利，不贪图富贵，心胸宽广。郭解努力修炼，让自己向著名游侠看齐，有一件事情考验了他的基本素质。

少年时代就称霸一方的郭解已经习惯了别人对他毕恭毕敬，早期他当黑社会老大的时候人们是怕他，后来他改邪归正了人们是敬他，大约从来没人对他有过不礼貌行为。那天在路上意外地遇上了那么一位，从姿态到表情都显示出对他的蔑视。不知道那位爷是心情不好，还是故意挑衅。郭解手下的小弟从来没有受过这个，拔刀就想把那个不知天高地厚的家伙杀了，被郭解拦下了。如果故事到此结束，看不出郭解有什么过人的胸怀，本来人家罪不该死，拦下不杀是做人的底线。郭解的高明之处在于，后来他处处庇护那个蔑视他的人，几次替他解脱徭役，感动了那个人，也为自己的声誉赚了个盆满钵满。

在那个时代做游侠必须有奉献精神和牺牲精神，还要经常帮助结仇怨的人们调解事端，而且一般在成为著名游侠之后，坐车方面都不能超标，必须让人们看到游侠亲民朴实的一面。这哪里是做游侠啊，简直是感动汉朝先进人物。郭大侠绷着劲儿，做得像模像样，他把家产都拿出来搞侠义工程，生生把自己从富豪降解成穷人。



汉武帝年间国家有一项政策：所有的富豪必须迁徙到陕西的茂陵。把这些人归拢到一块儿为的是好控制他们。从财产方面来讲，郭解已经算是不折不扣的贫下中农了，但是他的影响力和人气指数，却比富豪还强势，汉武帝感觉这样的人危险系数比富豪还大，亲自签发命令让他把家搬到陕西。郭解不知用什么手段打通了汉武帝小舅子卫青的关系，卫青亲自向姐夫说情，却更加坚定了汉武帝让郭解迁移的决心。汉武帝认为一个连卫青这样的高层都能买通的人绝不是一般人物，即使别人不迁，这个郭解也必须迁到遥远陌生的地方，这种人是国家安全的隐患。

祖祖辈辈在河南这块土地生存，郭解热土难离，但也不敢违抗上级的命令，在乡亲们的夹道相送中，踏上迁徙之路。

这次迁徙对郭解来讲伤筋动骨了，多年来创下的品牌还要重起锅灶另开张，还不知道陕西那边的人是不是买他的账。郭解的侄子对这件事很是想不通，想不通的事，其实动脑筋想想慢慢就通了，或者索性不去想，也就稀里糊涂过去了。偏偏这个孩子思维方式和别人不一样，他把账都记在了县长身上，抽空潜入县衙门把县长的头扭断了，没多久又把县长的老爸杀了。县长家委托一个人到皇帝面前去告状，告状的人很快也死于非命。郭解手下毫不收敛的嚣张气焰激怒了汉武帝。

侄子以及小弟们肆无忌惮地杀人越货，不知道郭解是否了解内情。从一系列事情来看，郭解算不上合格游侠，他的团队存在严重问题，纪律不严明，管理不到位，手下的人为所欲为，杀人抢劫，鱼肉百姓，无恶不作。一边郭解自己做仗义游侠，一边纵容他的那帮弟兄们毫不改悔地做土匪，他再用土匪抢来的钱财救济别人，这本身就是一对矛盾，不出事则已，只要出事就是大事。

手下的弟兄们闯下大祸，郭解或许已经习惯了，并没放在心上，但汉武帝上了心，派人专程办这个案子，从犯罪团伙的最大头目抓起，郭解当之无愧地被抓进监狱。在他究竟算好人还是坏人的争议声中，汉武帝当机立断："这有什么好争议的？这种人存在就是国家和民众的安全隐患，自己披着行侠仗义的外衣，纵容手下以小冤小仇杀人，这罪过比他亲自动手杀人还严重啊，没什么好商量的，杀了吧。"

郭解全家一个不剩地被杀掉了，由此看来当游侠是有生命危险的。游侠不是孤立个体，要有强大的团队支撑，用土匪黑社会团队支撑游侠事业本身就很可笑。

# 醉鬼游侠陈遵

陈遵是汉朝游侠中最不靠谱的一个人。他是一个酒鬼，一生酗酒成性，只要有了酒一切都可以不管不顾；只要能陪着他喝酒你就是最好的哥们儿。进了他的家门就必须做他的酒友，为了留住客人，他把客人大车轴头上穿着的小铁棍取下来往水井里一扔，想逃都逃不掉。醉酒之后调戏寡妇左阿君。有人说陈遵是酒侠，其实他更像一个酒无赖。



做事不靠谱是陈家祖祖辈辈的光荣传统。陈遵的爷爷陈遂也属于不靠谱的人，他倒不怎么喜欢喝酒，而是爱好赌博，而且是赌坛高手。汉宣帝年轻的时候流落民间，和陈遂是赌友，他们用对博对弈的方式赌，十有八九是汉宣帝输。输的分文没有了就赊账，为了赌账两个人经常斤斤计较，计较完了还接着玩，汉宣帝还接着输，输完了接着打白条。后来汉宣帝在一个秋日做梦一般当上了皇帝，头一天还和陈遂在臭烘烘的破屋子里赌博，第二天当上皇上了。赌友当上皇上，陈遂当时并没感觉到多么高兴，这意味着他欠的赌账更没有希望偿还了，谁敢朝皇上去要赌账啊。

汉宣帝在赌博方面很讲究职业道德，当上了皇帝，并没有忘记欠陈遂的赌账。他还账的方式很有创意，封了陈遂一个太原太守的官职，并明确告诉他：这个官职是肥缺，可以抵过去欠你的赌债了。

陈遵爷爷用赌债换来一个高官的位置，后来陈爷爷的官职不断提升，当过京兆尹长安市长，最后提升为廷尉，是主管司法的最高官吏。

官二代出身的陈遵身上有一些纨绔气质，再加上他从小就失去了老爸，家里人更溺爱他，娇惯他，所以他变得更加放纵不羁。有爷爷这个坚强靠山，陈遵后来参加了工作依然不改顽劣的本性。

陈遵刚参加工作的时候，同事们都朴素敬业，安分守已，只有这个陈少爷穿着一身名牌上班，只要他在单位，外面一准有一帮狐朋狗友坐着车在等着他出去喝酒。陈遵有酒必喝，逢喝必醉，从来不干工作上的事，因为耽误工作经常受罚，受完罚有人向他通报，他满不在乎地说："一次次的通报烦不烦啊，等罚满一百次再告诉我。"因为按照当时的规定，罚满一百次就要炒这个人的鱿鱼了，陈遵的意思是等炒我鱿鱼的时候再告诉我，我好立马卷着我铺盖滚蛋。后来终于凑够了一百次，陈遵已经准备拔腿走人了，遇上一个拍马屁的领导，当然是拍陈遵爷爷的马屁，居然说陈遵是有才干的人，弄虚造假向上级汇报说陈遵治理好了几个钉子户属县，应当予以嘉奖，提拔重用。于是，从来不干工作的陈遵被提拔当了郁夷县长，这样的人当然做不好县长，没过多长时间他自已就自动辞职了。

虽然不是当县长的材料，但是凭着吆五喝六他能统帅乱七八糟的酒友，家里人就给他弄到了军界，混到校尉的高位上。赶上有黑社会滋事闹事，陈遵以混治混，以黑治黑，以恶制恶，谁也治理不好的事情，他马到成功，这大概就是他被列入游侠的由头。

陈遵打黑治黑有功，让朝里的人另眼相看：原来这酒鬼不光会喝酒，震慑黑恶势力还有一套。从此以后，到他家里喝酒的人的品位档次都有所提高，许多高官也成了他的酒友。陈家有一场永远不散的宴席，不论谁什么时候到了，都能赶上酒宴。只要你来了，就别想走，当然想走也走不掉，陈遵让人把客人大车轴头上穿着的小铁棍取下来扔到后院的水井里，想走必须到水井里把铁棍捞上来，这招够绝吧。关键是赶上有人突然接到紧急任务，不走不行，有个刺史就赶上这么一回，那天把这哥们儿急的，没办法了只好找到陈遵的老妈，磕头作揖地求老太太：“阿姨，替我想个招儿吧。”老太太让人打开后门，放这个人走了。

现在有些醉鬼喜欢喝了酒之后给朋友打电话，那时候没有电话可打，陈遵就借着酒劲儿给朋友写信。他好像对写信这件事情有独钟，后来他到河南郡当太守的时候，招了十个文书专职帮他写信，几百封书信有的还没送到朋友手上，他就被撤职了。

撤职的原因很荒唐，是因为喝醉酒在寡妇家留宿睡觉。

陈遵刚提升河南太守，他弟弟陈级也升官任职荆州，弟弟要赴任了，陈遵送他。路过一位朋友家，哥俩喝酒作乐，太张扬了。一个对他们本来就有成见的官员向朝廷告了一状。

这哥们儿告状很有一套，如果光说陈遵在修身自慎方面存在问题之类的套话，不足以说明问题，他就在告状信中举例说明陈遵酒后失德，主要例证就是陈遵在左寡妇家醉酒并睡觉的风流韵事。



历史记载中没说清楚这个名叫左阿君的寡妇究竟和陈遵是怎么认识的，不管是通过什么关系认识的，总而言之他们之间很熟络，熟到了陈遵有了喜事第一个找那个女人分享的地步。

陈遵刚当上河南郡太守的时候，得到这个的喜讯第一时刻就坐着马车钻到左阿君家的小胡同里，在她们家摆酒祝贺。他得意忘形，又是唱歌又是卡拉 OK，直到喝得站不起来了，歪歪斜斜倒在座位上，疯闹完了还不肯罢休，晚上就睡在了左阿君家。

想来这个左阿君也属于风流寡妇之类的，有几分姿色，眼睛水水的媚媚的会勾魂儿。男人早早去世了，全靠自己支撑一家人的生活，靠自己的姿色维系着各种关系。陈遵是有名的大帅哥，个子高高的，满身豪气，左寡妇很喜欢这个充满男人味的汉子，一定是用她女性的妖媚和温柔把陈遵蛊惑得总想到这里喝酒。也许平时他们经常在这里摆酒宴，喝一阵子就散了，没有今天这么投入，这个夜晚陈遵喝得人事不省，已经醉得像一摊烂泥。左阿君想把他扶起来，累得娇喘吁吁也扛不动这条醉汉，只好让她的伙计连抱带拖地把这个男人拖到自己的绣床上。

让陈遵睡在自己的绣床上本身就是授人以柄。左阿君不是不知道寡妇门前是非多的道理，她就想让这个男人睡在自己床上，对他或许她渴望已久了，整个夜晚她守在他的床头，听他的鼾声合着红烛灯花轻轻爆响的声音，她很沉醉。丈夫死后，这个床上也许已经睡过多个男人，但是这个男人是她最想要的，却因为酩酊大醉想要都要不成。她知道，如果他清醒着，是断然不会睡在自己床上的。

虽然一夜无事，但是，在寡妇家饮酒作乐，还夜不归宿睡在寡妇家里，一旦有人举报就是大事。现在有人举报了，你陈遵不顾男女有别的礼规，轻辱朝廷赐予的爵号，朝廷的风纪不能容忍。陈遵当即被免职，和他一起被免的还有他的弟弟陈级。还没上任就即任即免，倒省事了。

栽在寡妇门前的陈遵并没有因此少喝一滴酒，过去怎么喝，以后还怎么喝，而且喝得更加嚣张。后来官场上起起落落的他从来都不在乎，只要有酒有肉就齐活儿了，他喝得很性情，直到最后醉酒被匈奴人杀死在他乡，死得一点都不壮烈。貌似被列入游侠的陈遵，一辈子除了喝酒，也没有什么壮烈的事。

# 原涉之死

汉朝游侠到了原涉时代已经慢慢往黑社会方向过渡了。

和汉武帝时代的许多富豪一样，原涉爷爷那一代因为是豪族大姓也被迁徙到陕西茂陵。西汉时候的茂陵是西安的一个卫星城，全国各地的富人和高官都集结在这个地方，一方面促进了茂陵经济的飞速发展，一方面把集中到各地富豪们手中的土地归还百姓，促进了社会稳定。这个距离西安仅仅四十公里的城市，居住了二十七万多人，数不胜数的官二代富二代行走在繁华的茂陵街头，五陵少年斗鸡走马，争相炫富。在这里不比他们的老根据地，迁徙之前在自己的地盘上你走出门去就是爷，没人敢和你比阔气，在茂陵，大街上随便扔一块砖头就能砸住一大片富豪。

原涉在这种环境中长大，少年时代属于出淤泥而不染的好学生，他一边读书一边练武，平时爱管管闲事什么的。他老爸曾经是南阳郡太守，二千石的高级官职，很敬业地为南阳的革命事业鞠躬尽瘁，累死在工作岗位上，原涉同学中止学业处理老爸的后事，没给政府和南阳人民添麻烦，这件事情让他一下子成为廉政建设先进典型，受到各级领导的一致好评，成为茂陵的十大杰出青年，豪杰大侠开始和他交往，为他成为游侠奠定了基础。

这样的先进典型如果不被重用，显得朝廷不重视思想建设，在别人的举荐下，年纪轻轻的原涉被任命为谷口县长。谷口县就是现在的陕西省淳化县，那时候管理比较混乱，原涉到任后，没采取任何有效措施，莫名其妙地这个县一切都变得顺顺当当的了。也许是他手下的官员听说新来的县长口碑不错，暗自努力工作了；也许是当地百姓被他的名气镇住了，总之他一上任，这个县就变成了社会治安模范县。原涉是喜欢挑战的人，对这毫无挑战意义的官职很厌倦，当县长太容易了，他对县长职务失去了兴趣，索性把这个官辞了，正式下海做全职侠客。

大概他感觉到还是做浪迹江湖的侠客更有成就感，可以毫无羁绊地我行我素，可以受到社会更大的尊重。但这种被尊重是要付出代价的，不仅仅是钱财的代价，甚至是生命的代价。汉朝游侠的思维方式和我们不同，朝廷明明已经给了原涉县长的官职，他可以利用国家给予的合法身份做社会秩序的维护者，何苦要抛弃正式身份，利用一个地下的非法身份维护社会秩序，扶贫济困？也许西汉末年国家政治已经腐败到一定地步，官场的许多潜规则不容许他工作太优秀，无奈之下只能当游侠个体户，以这种形式实现自己的人生价值。



原涉一生中做了许多替草根百姓排忧解难的事，事无巨细，只要谁遇上了难让他碰上了就会慷慨解囊，甚至到朋友家参加宴会遇上朋友邻居家死了人，也过去支援一把丧葬费。久而久之，他成了关中群豪的领袖人物。他赢得的不但是上层社会的人心，最重要的，草根级别的民众也是他的铁杆粉丝，当这种游侠团队羽翼丰满的时候，就是国家安全的最大隐患。

和汉武帝时代的著名游侠郭解一样，原涉的手下也有一帮横行霸道、杀人掠抢无恶不作的小弟。他不但没有吸取老前辈郭解的教训，还把郭解团伙的做法当作经验发扬光大，他手下的人在他的羽翼庇护下，无视国家法律，黑白两道通吃，什么事都敢摆平，什么人都敢宰了。他们名义上是“除暴安良”，其实是打着“义”的旗号用江湖规则胡作非为。这些人让政府非常头疼，西汉朝廷那会儿就想法办了他们，还没来得及行动就换成新莽政权了。到了王莽执政的时候，依然把他们列为重点打击对象，也曾拘捕过几次重大涉案人员，每次都被原涉派人买通关系把他们无罪释放。

虽然一时半会儿还没触及原涉，但他已经意识到，这样下去迟早要殃及自己。那些已经习惯了杀人越货的手下是不会接受改造的，索性散伙吧，把自己的涉黑团伙组织解散了，自己到朝廷谋个一官半职。他再次出山做了一阵子官员，实践证明他还是适应不了那个工作环境，很快又回归到游侠的角色。

他乘着夜色回到茂陵家中，因为怕原来的那些手下知道他回来再来投奔他，只好把自己宅起来，大门不出二门不迈，做游侠做到这种窝囊份儿上也够可怜的。即使这样也没躲过手下人给他带来的灾祸。

过去的团伙组织解散了，但是赶车的司机做饭的大师傅必须保留，没想到事情就出在做饭的大师傅身上，原涉这个倒霉蛋，真是躺着也中枪。



大师傅到菜市场买肉，和卖肉的因为价钱问题发生口角，大师傅跻身黑社会多年，已经横惯了，动手砍伤了卖肉的商贩之后当了在逃犯。

跑了和尚跑不了庙，大师傅跑了还有他的主子原涉，新上任的茂陵县尹县长亲自办理这桩案子。尹县长对原涉有着很深的成见，倒不是因为他属于自己地面上的黑社会老大，而是因为自己到茂陵上任以来，原涉一直没有来拜码头，尹县长认为他这是在蔑视自己，现在终于抓住了他的把柄，一定要借题发挥把他置于死地。尹县长派人埋伏在原涉家门口，还没来得及动手就被一群茂陵地方名流给他解了围。他们出主意让原涉以负荆请罪的方式了断这件案子，这些人的出面扰乱了尹县长办案，虽然尹县长给了大家面子接受了原涉的负荆请罪，但是和原涉之间的怨越结越深。再加上后来一个名叫王游公的县政府官员一直对原涉不满，经常在尹县长耳边说些原涉的坏话，鼓动尹县长另给原涉加一个罪状：原涉在修建阳宅阴宅问题上不按国家规定的标准级别修建，过于奢侈超标了，仅凭这一点原涉就该受到重大惩罚。

说原涉家的阴阳宅超标确是事实。汉武帝在茂陵为自己修筑了豪华的坟墓，为汉武帝陪葬的达官贵戚的坟墓都在这里，原涉胆大包天地在达官贵戚的坟墓间修了条道路，命名为南阳阡，因为原涉老爸曾在南阳做官，这道路名称是为了纪念老爸。除此之外，他还大兴土木修建自家的坟茔祀庙，高墙大院的，筑了两重门。

尹县长听了王游公的鼓动，拆毁了原涉的祖坟和宅院。

从小就没有受过任何窝囊气的原涉哪能忍受这个，他召回过去的那帮江湖弟兄，月黑风高夜潜入王游公的家中把他们家洗劫一空，杀了王游公父子把他们人头割下来悬挂示众。

本来原涉已经决定金盆洗手，不当黑社会老大了，但被逼无奈又重抄旧业。如果过去他在某种意义上讲还算是游侠，那么从此以后他就变成了不折不扣的黑社会老大。他亲自上阵，不管谁招惹了他，格杀勿论。王莽末年农民起义中，他趁着混乱了带着他的人马掺和进去，浑水摸鱼，谁那边能见到利益他就投靠谁，先跟着王莽的残余势力，后来又投靠更始帝的临时政府，和更始帝的西屏将军申屠建有了一次正面接触，就是因为那次接触，他发现申屠建的主簿居然是那个曾经害过他的尹县长。

现在的原涉已经不是仁义宽厚、以德报怨的游侠了，作为心狠手辣的黑社会老大，他是不会放过任何一次报仇机会的。活该姓尹的哥们儿倒霉，那个夜晚就为他当初的过激行为用生命买了单。

出来混总是要还的，尹县长的下场证明了这句名言，原涉的死也为这句话做了佐证。自己的部下尹主簿被杀，申屠建很没面子，他诱杀了原涉，把他的头颅悬挂在长安市，让一代名侠屈辱地结束了他传奇的一生。如果原涉不死，依照他的号召力，在那个混乱的年代，说不定会创造出什么奇迹。这种窝囊的死法大概也不是原涉想要的，无奈他已经说了不算了。

# 哥们儿义气重于泰山

汉成帝时期的游侠和他们的前辈已经有所不同，西汉早期的游侠基本上都是布衣侠，他们虽然也有一些贵族社会的好朋友，但是并不依靠朋友生存。到了汉成帝之后，游侠们的社会身份演变为政府官员，比如楼护当过天水太守、广汉太守，陈遵当过京兆史和河南太守，萬章官职最小了，也当过京兆尹门下督，虽然官很小，但也算是政府公务人员，和汉朝初年用自家钱财行侠仗义的朱家、郭解已经完全不是一个套路。

萬章是土生土长的长安人，在城西的柳市一带居住，家里经济状况一般，不过就是小市民家庭。生活在繁华的都城，长安城里的市民幸福感很强烈，他们茶余饭后谈论着朝廷的国家大事，胡同里长大的孩子们凭着身居京城的优越感也有了几分纨绔气质。他们并不努力读书，反正有没有学问都能在这座城市很滋润地活着，何苦吃苦受累读书呢。还有一些孩子很羡慕街市上那些游手好闲的黑社会，一些不务正业的少年开始做小混混，胡同里长大的萬章就属于这种孩子。

由屠狗沽酒、斗鸡蹴鞠的问题少年组成的胡同小混混大多自学成才，他们也有自己的团伙组织，也选举产生自己的老大，萬章就属于西安城西片的黑帮老大，因为萬章字子夏，所以号称“城西萬子夏”。他们打架斗殴，从西城打到东城，没事就打打小架，反正闲着也是闲着。折腾来折腾去，名气越来越大，成为长安市面上一股不可小视的势力。

这群人不光干坏事，捎带脚也干些好事。比如街市上有不平事，他们主动出面摆平了；哪儿有欺行霸市的，他们上手就砸了他的摊子；谁敢欺男霸女，他们就过去修理修理他。萬章这伙人打着游侠的旗号冠冕堂皇地在都城地面上混，而且越混越红火。

从小痞子成长为名声在外的游侠，和西汉初年那些游侠不同的是，萬章家没有万贯家产供他行侠仗义，他手下的那帮弟兄属于自给自足类型的，这些没有正当职业的游民、刺客纠集在一起，成为京城社会治安的一大隐患。

当时的京兆尹善于利用人才，把萬章收编了，让他到市政府负责安全保卫工作。在政府部门工作工资待遇高，生活有保障，最重要的是有京兆尹做靠山，自己从此就是有组织的人了。他欣然接受了这项工作，工作很敬业，京兆尹很赏识他。



偶尔京兆尹会带着萬章这个保安队长出去办事，有他这个超级保镖保卫着心里踏实。但是有一次去中央机关办事，他带着萬章去了，搞得他非常没面子，从此再也不把他带在身边了。

其实那一次怨不得萬章，主要是京兆尹对萬章的知名度了解得不到位，他们一露面，那些上层社会的诸侯和贵族把京兆尹冷落到一边，争相和萬章作揖打招呼，不知情的人还以为萬章是领导，京兆尹是跟班的呢。搞得萬章左右为难，局促不安，不知道该怎么应对，逢迎不对，退缩也不对，总而言之这种局面怎么做都不对，只有尴尬。其实他心里非常清楚，员工必须找准自己的位置，自己的风头决不能超过领导，功高震主是职场大忌，在人家手下讨生活要藏拙。不是萬章不藏拙，是那些和他虚情假意热络的人让他无法藏拙。

京兆尹是个很在乎级别的人，作为老板自己的风头让跟班的抢了，这种失落感让他心里很不舒服，脸色明显就不太好看了。他觉得萬章太喧宾夺主了，连上下级关系都搞不清，以后再出门的时候他带谁都不再带萬章了。

这并没有影响萬章的名气。京城还有一个非常赏识萬章的官员叫石显，这个人之所以赏识萬章，是因为他们有共同语言。石显年轻的时候也属于不良少年，因为犯罪受了宫刑，无奈只好做了太监。汉宣帝时期提拔他做了中书仆射，汉元帝时期，因为石显看上去精明能干，很会巴结领导，被提拔为中书令。石显不是好官，也算不上好人，他一生中做过许多阴损事，凡得罪过他的人，他永远在心里记着，早晚有一天会公报私仇。他杀人不用刀，不动声色中有的人就人头落地了。

坏人石显在同僚中找不到知音，无意中认识了京城名侠萬章，他们惺惺相惜，成为铁哥们儿。对萬章来说，高官石显是一个强大靠山，他需要背靠大树好乘凉。对石显来说，他需要一个谈得来的人做朋友，需要一份感情慰藉，两个人相见恨晚，来往非常密切。萬章有一个高官铁哥们儿，进一步抬高了他的地位，他家门前车水马龙，一派兴盛景象。



恶有恶报这句话在石显身上很适用，宠着他的汉元帝年纪不算太大就死了，换上了新皇帝汉成帝。汉成帝不喜欢这个得势便猖狂的太监，找了个专权擅势的罪名免了他的官，把他撵回山东老家。

石显一辈子存了千万家产，作为太监，虽然娶了个老婆但是没有孩子，这些家产连个继承人都没有，有的想搬回山东老家都搬不走，他想到了自己的好朋友萬章，就想把一些不好搬运的贵重物品送给他。

没想到萬章坚决不肯接受。这事大概也让石显很郁闷：你不接受，是不是嫌弃我啊，我现在没权没势了，怕我连累你是不是？萬章怎么解释石显也未必真信，他那样的聪明人一辈子工于心计，萬章拒绝他的馈赠物品对他的心理上应当是一个非常沉重的打击。带着满怀的失落，石显落魄地踏上返乡的归程，没走到老家就死在半路上。



石显死讯传来，萬章痛哭流涕，他手下的弟兄们问他：“石显临走的时候，送你财物你为什么不要啊？不要白不要啊！”萬章说：“我不能要啊，我一个草根儿，人家拿咱当朋友已经高抬咱了，现如今人家遇上难了，我帮不上他，怎么好意思接受他的财物呢？如果接受了岂不是乘人之危吗？”

这理由显得情深义重，他对哥们儿重情义的行为，一下子又提升了他的人气指数。萬章的表白应当是发自内心的，石显在别人眼里是坏人，在萬章眼里就是朋友和好哥们儿，好哥们最困难的时候帮不上他，当然不能再接受他的馈赠了。

灾难很快也降临到萬章身上，因为在长安西部刚刚发生了一场动乱，两任京兆尹镇压不力都被撤职了，新任京兆尹王尊，对一切社会不安定因素都很敏感，他下令捕杀一些和游侠沾边儿的人，萬章这种名人被排在第一号。这回没人能保得了他了。

# 游离于官场的另类游侠

楼护是一个边缘化的另类游侠，他是京城著名医生，非常有口才，当过西汉官员，王莽时代他也是新朝的红人。

按照班固老先生《汉书》里面关于游侠的记载，楼护游侠方面的先进事迹并不突出。他的事迹虽然记下来不少，貌似都和游侠没有什么关系，不知是漏记了，还是汉朝后期对游侠的标准降低了，把楼护这种敬重长辈，团结同志，注重友情的道德模范，也归到了游侠之列。



少年时代楼护就已经是京城名医。他们家在西安有一个私人诊所，大概他爷爷那辈就从山东走穴到京城开诊所，开了两三代了，慢慢创出名气，变成老字号，再加上一些家传秘方之类的渲染，他们家的诊所红红火火。楼护从小就跟着老爸到上层社会送医上门，他见多识广，结交了一批上层社会的贵族朋友。这个只长心眼儿不长个儿的小个子医生不仅人缘好，还聪明好学，他能把医经、本草、方术之类的医书倒背如流，出诊的时候他经常抓住一切自我宣传的机会，在贵族人家秀记忆力秀口才，唬住了一些记忆力一天不如一天的中老年患者，他们发自内心地地感叹："这孩子真聪明，记忆力很好，如果一辈子当医生，可惜了材料。"



楼护的老爸楼医生其实并没有觉得儿子比他小时候聪明多少，人们总这样表扬，让楼医生也怀疑自己是不是判断失误，是不是儿子确实聪明绝顶，是当官的材料？如果他真的是当官的材料，千万不敢耽误他，趁早送他读书吧。

被人们忽悠着，楼护放弃了学医，开始到处求学，成为读书人，并当了一名小吏。

从政府小吏到国家政要五侯兄弟的座上客，楼护很是费了一番心机。"五侯"是汉成帝的舅舅王潭、王根、王立、王商、王逢，这五个侯爷都投巨资养着一批侠客，楼护大概也是作为侠客在他们那里兼职，仅仅在一家兼职就已经很不得了啦，楼护在五家都兼职，把五位侯爷都哄得喜上眉梢。虽然身材矮小貌不惊人，但是口才好。凭着一张嘴当游侠的，历史上大概只有一个楼护。每天五侯各家都送些好吃的东西给他，所以楼护家基本不用开伙，顿顿吃山珍海味，过着五个侯爷家伺候他一个的幸福生活。

这种交往不但为楼护赚取了政治资本和经济价值，也赚足了脸面。他老妈去世的时候，送葬的人竟然要用两三千辆马车来拉，想想看有多么壮观，快赶上皇家出殡的规模了。

如果说楼护也算是游侠，那么到了西汉末年，游侠的概念已经彻底变了味儿，游侠和高官们眉来眼去，互相利用，身上缺了汉初游侠的骨气。混迹于上层社会的好处是，官职可以很快得到提升，楼护做过京兆吏和谏大夫，做过天水太守。

他在谏大夫官任上曾经出使郡国，监督有关部门的救济借贷情况，带着钱财布匹之类的民政救济物资路过自己的老家山东。到祖先的墓地上祭拜之后，为了进一步光宗耀祖，他居然把带来的钱物当礼品送给自己亲朋好友。这种假公营私的行为却被当作讲感情讲义气的表现，成为他被提升的一项突出成绩。由此看来，西汉末年不但官场没有规则和秩序，连官员也糊里糊涂，没有是非观念。

楼护被提升为天水太守，在这个位置上工作怎么样不得而知，估计是没干好。因为几年后就被免职又回到京城长安了。虽然暂且赋闲在家，他的威风依然在。成都侯王商那时候已经是大司马卫将军了，听说楼护回长安了，开完朝廷碰头会后直接钻到窄窄的居民巷子里，弯弯绕绕地找到楼护的住处去看望他。赶上那天天气不好，天阴沉沉的随时都要下雨，王商和楼护谈得很投机，忘记了时间和天气。王商手下的主簿带着一干人马站在已经飘起雨丝的民间里弄等着王商，心里很郁闷，嘟嘟囔囔地埋怨其他几个同僚不拦着领导，因为楼护这么一个什么职位都没有的草根，大家在外面淋雨，真是不值得。隔墙有耳，这些话传到了王商耳朵里，就因为这几句牢骚话主簿很快被炒了鱿鱼，而且炒得完全彻底，一辈子永远不许他做官。

有这些上层人物罩着，楼护不愁东山再起。不久他重新被启用当广汉郡太守，即使王莽改朝换代对他也没有什么妨碍。直到后来他工作出现严重失误，他的辖地出现了几个江湖大盗，扰民作乱，他无能为力了，朝廷才不得不免了他的职，让他退休回家。年老的楼护守着最后的底线，还以游侠自居呢，他真的老了，五侯都已经死去了，没人欣赏他了，王商的儿子王邑给了他一次面子，在自己的一个重要宴会上把他请了去，楼护正襟危坐地享受了一次大家给他拜寿的高级待遇，这大约是他游侠生涯中最后一次隆重的谢幕表演。

作为游侠，楼护一生中和游侠这个光荣称号最贴边的一件事就是楼护养吕的故事。故事里面这个姓吕的，不知道是不是王莽儿子王宇的老岳父，因为楼护和王宇岳父老吕是最好的哥们儿。作为好哥们儿，楼护做事儿也不是处处讲义气，当年人家吕家的儿子吕宽被王莽追杀逃到楼护的地盘上寻求保护，他为了自己的前途毫不留情地把吕宽绑了，送到王莽手中由他斩杀，王宇的老岳父因此断了子嗣。

如果故事里面这个吕公就是王宇的老岳父，那么这个老同志也够没骨气的，当初他楼护对你儿子那样不仁不义，你怎么还到这个人家里寄住呢？除非老吕实在走投无路了，因为是罪臣的父亲，没人敢收留他，万不得已才投奔到楼护家里。

先不管投奔楼护的究竟是哪一个老吕，这次楼护对投奔他的吕老头夫妇还是蛮给面子的。他们夫妻和老吕夫妻同吃同住，吃一样的饭，没亏待过吕老头夫妇。

时间长了，楼护的老婆渐渐厌烦了，埋怨楼护多事，收留了这两个累赘。请客容易送客难，现在想个什么办法把这两个神仙送出家门呢？

此时楼护做得确实像一个大侠，他流着眼泪责备老婆："有点同情心好不好？人家老吕因为信任咱看得起咱才到咱家来住着，从道义上来讲，就应当善待这个可怜兮兮的朋友。好好对待老吕两口子，不许使脸子！"

这个姓吕的一直在楼护家驻扎下来直到寿终正寝。因为这件事，楼护成为尊老爱幼的先进典型，到今天还被传诵着。虽然他身为游侠没有任何突出事迹，不过就凭这一件侠义之举，也在中国游侠光荣榜榜上有名，被班固老先生写进了《汉书》。